オイシイ話はなぜ稼げないのか

できる社長のお金の守り方

服部真和

はじめに

「アリとキリギリス」という童話があります。

この話は、様々な学びがあるので、多くの著書で様々な解釈がされて、いろいろな教訓とされています。

- **勤勉に働かずサボったことの代償**
- **計画性を持って生きることの推奨**
- **先に苦しい想いをすべきか、先に楽しい想いをすべきか**

しかし、それよりも決定的なことがあります。

それは**「生まれた時点でアリはアリで、キリギリスはキリギリス」**ということです。

アリがいいのか、キリギリスがいいのかという話の前に、そもそも自分はどちらで生まれてきたのかが重要です。そして、ほとんどの人はアリとして生きます。

ですが世の中には、**アリとしてどのように生きるかを考えないといけない相手に「キリギリスとして幸せに生きられる」というオイシイ話をふりまいて陥れ、相手のお金や労力を搾取する輩が存在**します（童話の最後でキリギリスがどうなったのか、という話を忘れている人も多いのですが……）。

あるいは、相手の労力や時間、お金を「価値が低いもの」と引き換えに巻き上げる輩がいます。

アリが本来、労力や財を尽くすべき相手（女王アリ）でもないのに、そのように錯覚させて搾取する輩です。

外見だけは似ているけど、じつはまったく別種である、そんな有害のシロアリのような輩の行為を、本書では「搾取ビジネス」と総称します。

僕は行政書士、さらにはコンサルタントとして、これまで1000人を超える経営者に対し、1500を超える新規ビジネスの立ち上げを支援してきました。

その中には、オイシイ話をふりまいて惑わす搾取ビジネスの被害にあいそうな方々もたくさんいて、注意喚起し続けてきました。

反対に、クライアント自らのビジネスが、いつのまにか他者にとって害となりかねない搾取ビジネスにならないように、軌道修正を促したことも多々あります。

本書は、周辺のオイシイ話に振り回されず、正しい情報の取り方などを知り、確固たる「軸のつくり方」を経て、しっかりとしたビジネスを構築する手法を描いた本です。

「なんだ、それくらいのことは知ってるよ」と思われた方もいるかもしれません。そういう人こそ、本書をしっかりと読んでください。「自分は大丈夫」と思っている方こそ、妙な思い込みや思わぬ油断から謝った判断をしたり騙《だま》されたりして、搾取ビジネスを仕掛けてくる輩たちに足元をすくわれてしまうからです。

こんな本を書いている僕自身、手痛い経験をしたことがありますので、まずはその話をしましょう。

◉「いかにも」な輩に踏み倒された！

僕はコンサルティングの会社を経営しつつ、行政書士事務所も運営しています。

行政書士は、ビジネスをしている人が国や行政機関などに対して、許可や補助金などをもらうための手続きを支援する仕事に多く携わります。

その中でも、僕は京都の旅館業許可取得に関わることが多いのですが、ある日、同時に複数の建物の許可申請を依頼されたことがあります。

旅館業の許可は、一件ごとの報酬がかなり高額ですし、関わる専門家も行政書士だけでなく、建築士や消防設備士など複数必要で、大規模な案件となります。

依頼者はとにかく許可取得を急いでいて「追加で特急料金を払うから」と、自分の依頼を優先して着手することを希望しました。そこで、いつもは最初に委任契約書や申込書などを作成し、押印いただくのですが、すぐに現地調査や書類作成に入りました。

途中で、申請法人の代表者名や住所が依頼者と違うことに違和感を覚え、指摘したのですが、説明を受けた理由で納得してしまいます。

僕が依頼者を信用した主な背景が二つあります。一つが「本職が有名な国会議員の秘書」だったから。もう一つが、この建物の所有者が有名な大企業であり、その企業からも依頼者を信じて手続きを進めることを急かされたからです。

ここまで読むと想像に難くないと思いますが、この案件は僕の行政書士人生でも数少ない「踏み倒し被害」の一つです。

許可取得後、見事に逃げられてしまいましたし、申請した法人とは、まったく直接やり取りをしていなかったので、報酬請求もできなかったのです。建物所有者である大企業も「自分たちは関係ない」の一点ばりでした。

報酬を取りっぱぐれただけならまだしも、毎度うまいこと言われて、全件分の必要経費も立て替えてしまっていたので、大損害を受けた案件です。

振り返ってみれば、この依頼者は最初から騙そうとしていたことがわかるのですが、案外その最中には気づけません。

誤解のないように書きますが、どちらというと僕は警戒心の塊のような人間で、開業以来、騙されたことは過去にありませんでした。それでも見事にカモられてしまったのです（その理由や対策などは本章で詳細に書いています）。

◉「クセの強さ」があなたを守る

本書は、ビジネスをしている人や、これからビジネスをしたい人に向けて「人を陥れる輩」「人生を迷わせる輩」に惑わされず、大切なお金と時間を守るための指南書です。

そうすることで、ビジネスの世界にはびこる諸悪の根源「搾取ビジネス」を駆除することも目的としています。

ビジネスとは、本来「誰かの課題を解決する」ことの対価でお金を得るものです。もちろん、スポーツ選手やアーティスト、クリエイター、芸能人、インフルエンサーなど「存在そのもの」や「秀でた才能」を価値として対価を得る人もいます。

しかし、冒頭でも触れたように、そういう人は、そもそもキリギリスとして生まれてきた限られた人々です。童話と違って、現実のキリギリスは破滅しないように準備している人が大多数でしょう。

ところが、アリがキリギリスを目指すと、童話のようになることが大半です。彼らはキリギリス的な生活に憧れて、そのいいところしか見ていません。簡単に言えば、攻め方は知っていても守り方を知らないのです。

自身がアリなのか、キリギリスなのかは、本書をお読みいただければ明らかとなります。いずれにしろ**「自分らしく生きられるか」が大事**です。

自分らしさとは、言い換えれば「自分のクセ」です。思考や感情、行動のパターンはクセとなって表れることが多いでしょう。そのクセを矯正するのではなく、より「強く」することで自分らしく生きられるのです。

僕は、この概念を「クセつよ」と呼んでいます。

「クセつよ」は、自らの持って生まれた特性を最大限に活かし、自己肯定感を高めつつ、堅実に高単価の商材やサービスを生み出す手法です。これこそが最大のビジネス防御術であり、これからの時代のうまくいくビジネス構築法と考えています。

過去にビジネスで騙されたことがある方や騙されそうになった方、あるいは自分の持っている財産が搾取されないか不安だという方はもちろん、様々なビジネス書やセミナー、成功哲学で得たノウハウを実践するもうまくいかない方、これから取り組むビジネスでリスクを回避しつつ、着実に成果を上げたい方……。

いろいろな方々にお読みいただければ幸いです。

目次

第2章 搾取ビジネスを仕掛けてくる「シロアリ集団」を撃退せよ

第3章

決断は遅くていい。必ず裏取りをして相手の背後をつけ

第4章

情報収集は慎重に確実に。油断すると誰でもカモられる

第5章

最強の戦略をあなたに！ビジネス防御完全マニュアル

第1章

なぜ「搾取ビジネス」の被害者になってしまうのか?

あなたもこうして騙される？ビジネス防御力を上げろ！

◉中国史上最も疑り深い皇帝さえ騙された

多くのビジネスは、大きく分けて「アリ型」と「キリギリス型」に分かれます。
他者の課題を解決し、正当な労力に見合った対価を得るのが「アリ型」。
特殊な能力を発揮し、対価を得るのが「キリギリス型」です。

でも、とくに最近、そのいずれにも該当しない怪しいビジネスが目につきます。相手から搾取して儲けようとするものです。そして、**このような搾取ビジネスの被害にあうのは「キリギリス型」ではなく「アリ型」**です。

「搾取されるなんて無知だから。自己責任だ」と斬り捨てることもできるでしょう。
でも、僕はこの事態を見過ごせません。この問題は、そう単純な話でもないのです。

人間は、どんなに知識があろうが、どんなに疑り深かろうが、搾取されることは珍しくありません。

みなさんは、中国史上トップレベルに賢く、そして疑り深かった始皇帝をご存じでしょうか。最近だと、映画化もされた漫画「キングダム」で取り上げられているので、知っている方も多いかもしれません。

始皇帝は本名を嬴政《えいせい》と言います。嬴政の父親は、王様の孫だったのですが、幼いころに人質として敵国に差し出されました。

敵国の王族である嬴政は、毎日虐待を受けました。その結果、13歳で自分が王様に即位してからも、人を信じることができなくなったのです。

それでも、持ち前の賢さと行動力で、誰も達成することができなかった法律による中華統一を実現できたすごい人です。**そんな嬴政でも、中華統一後、徐福《じょふく》という男にまんまと騙されたエピソードがあります。**不老不死の薬を探してもらう代わりに、３０００人もの男女と、膨大な金銀財宝を乗せた大船を、徐福に差し出してしまったそうです。

もちろん、徐福はそのまま、帰ってくることはありませんでした。

◉「権威性」と「思考停止」があなたの脳を奪う

どうして賢く疑り深かった嬴政が、こんなにも簡単に騙されてしまったのでしょうか。

これには二つの理由があります。

【①「権威性」があると直感的に納得してしまう】

徐福は「呪術」「祈祷」「医薬」「占星術」「天文学」に通じた方士でした。方士というのは、現代でいう学者、つまり「権威ある専門家」です。嬴政は、賢く疑り深かったのですが、専門家の「権威性」を信じてしまったのです。

始皇帝が生きていた紀元前の伝記ですから、話が盛られている可能性はありますが、**専門家の「権威性」を信じてしまう人間の構造は現代でも同じ**です。

たとえば、有名な医師がコメントしたサプリメント、有名な実業家が推している株。もっと身近な例で言えば、高級なブランド物を身に着けている人を「お金持ち」とか、一流大学を出た人を「頭がいい」などと、無条件で判断したりしていませんか？

そんな事柄から、ついつい信じてしまうことはたくさんあります。

人間は、油断すると「権威性＝正しい」という直感的な判断で納得してしまうのです。

そこには賢いか、疑り深い性格か、というのは関係ありません。人間の脳は、ことあるごとに、細かい理屈や理論をいちいち考えると、処理が追いつかないのです。そのため、効率的に直感的な判断をすることが多くあります。求める、求めないにかかわらず、脳のエネルギーを節約しようと、無意識にこのような判断をしてしまうわけです。


【②「思考停止」に陥りやすい状況とは？】


「あれ？　でも始皇帝って、当時の中華でいちばん権威ある人じゃないの？」

そう思う人もいるでしょう。たしかに、当時の中華でいちばん偉かった人が、なぜ方士の権威性を信じるのでしょうか？

これには、もう一つの注意点があります。それが「思考停止状態にあるか否か」です。

思考停止状態とは、適切に物事を考えたり、判断できなくなっている状態です。

なぜ、人がそのような状態になるかは、様々な要因があげられます。

その中でも、とくに多い要因が**「ルーティンワークをこなしているとき」**や**「悩みや不安を抱えているとき」に思考停止しやすい**というものです。

嬴政は、中華統一を実現するまでは、多様な課題や苦難を乗り越えてきました。

しかし、中華統一後に待ち受けていたのは、膨大なルーティンワークです。滅亡させた国々に、自国のルールを課していく作業がたくさん待っていたのです。

元々、人を信用できなかった嬴政は、すべての事務決裁を自分一人だけでおこなっていたと言います。その文書量は、一日120斤分の竹簡《ちくかん》（約30キログラムの書簡）に及んだそうです。文字量にすると31万文字以上になります。

その結果、嬴政は身体を壊してしまい、健康の不安を抱えます。そして、ワラをもすがる気持ちで、不老不死に関する情報を集めました。

つまり、このルーティンワークをこなし続け、健康の不安を抱えたことが思考停止状態に陥った要因です。徐福は、そこにつけ込んだわけです。

現代でも「健康の不安」はもちろん「お金」「仕事」「人間関係」「恋愛」など、人はたくさん悩みを抱えています。これらにつけ込まれる可能性は、とても高いです。

●じつは「高価なもの」ほど飛びつきやすい

思考停止状態につけ込まれて搾取されるのは、とても怖いです。

なぜなら、思いのほか被害も大きくなることがあるからです。

嬴政が、方士から聞いた「不老不死の薬がある」という話を、信じたことは仕方ないとしましょう。でも「3000人の男女と、膨大な金銀財宝を乗せた大船が必要」の部分。それって、不老不死の薬を取りに行くのと、いったい何の関係があるのでしょう？

これは徐福が「不老不死の薬」を高価なものと思わせる指標として語ったと考えることもできます。つまり「3000人の男女と膨大な金銀財宝を乗せた大船」というのは「不老不死の薬」の価値を引き上げる謳《うた》い文句だったわけです。

スタンフォード大学のヒルキ・プラスマンがおこなった、ある実験があります。

その実験によると、**同じワインを飲ませても、安い値段のラベルがついたワインより、高い値段のラベルがついたワインを飲むほうが「内側眼窩前頭皮質（mOFC）」という脳の部位が活発化することがわかった**のです。

この「内側眼窩前頭皮質（mOFC）」は「ヒトが嬉しくなる期待」に応じて活発化します。人間とは不思議なもので「実際の良し悪し」よりも「高いワインを飲んだのにまずい」と思ってしまうほうがストレスを感じます。

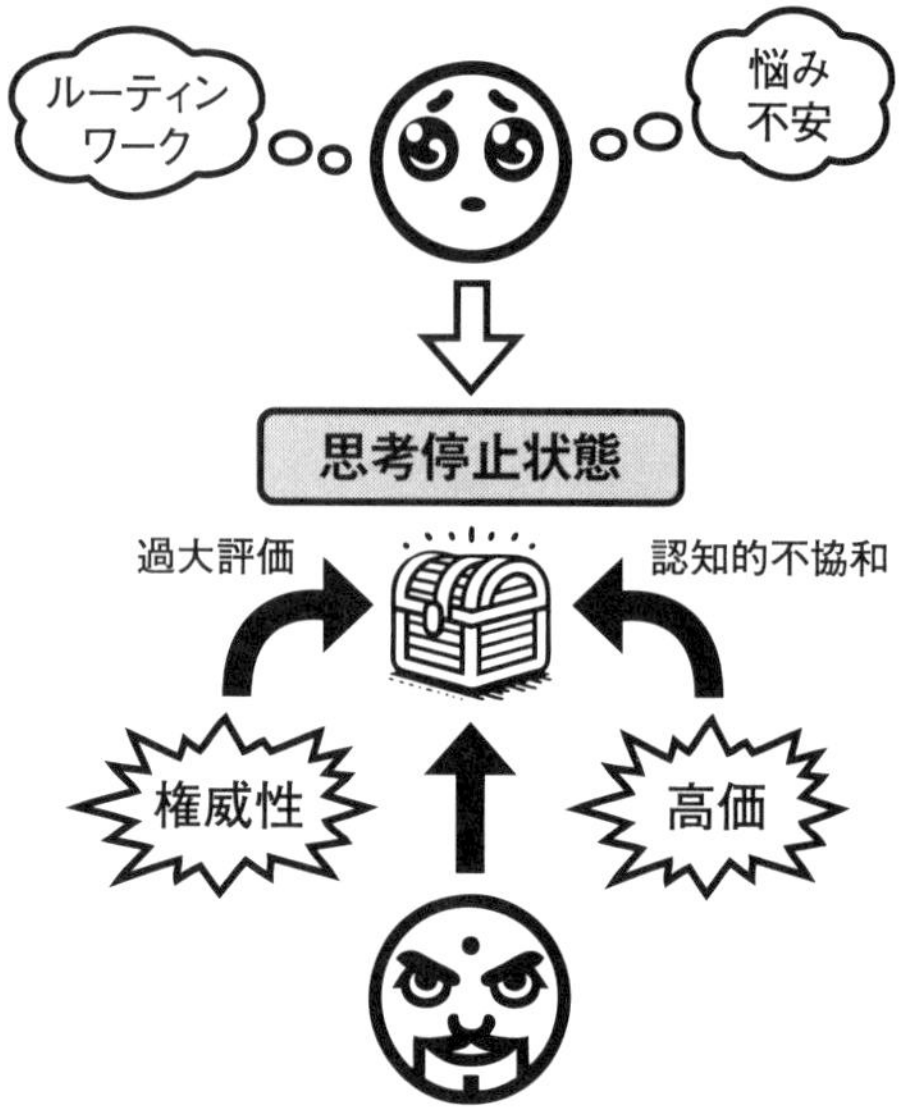

これを心理学では「認知的不協和」と言います。

つまり人間は、高いものに対して「高価なもの＝よいもの」と無意識のうちに結びつけたくなるようにできているのです。

まわりを見渡しても、搾取ビジネスほど高額を謳っています。

一方で、堅実なビジネスのほうが高額でないケースは多くあります。

ハッキリ言い換えると、**搾取を目的にしているほうが「高価」をちらつかせて「価値があるように思わせる」テクニックを駆使することが多い**ということです。

にもかかわらず、堅実なビジネスより、搾取ビジネスの商品・サービスをありがたがる人が多いのです。搾取を目的にしたビジネスにあうと、被害も甚大なものとなってしまうのに、なんとも嘆かわしい状況です。

これから本書において、僕が知る限りのビジネス防御力を高める方法をすべてお伝えします。本書を読まれるみなさんは今後一切、搾取ビジネスに心動かされることはなくなるはずです。

◉「判断材料」を外に持つことの危険性

ここまでの話を端的にまとめると、次の3点を意識することが大切です。

①権威性に騙されない
②不安につけ込まれない
③高価という指標だけでは信じない

これらには、共通点があります。価値判断が自分の「内」ではなく「外」にあるということです。

人間は、物事を見たり、考えたり、判断したりするといった場面で「客観的な視点が強い人」と「主観的な視点が強い人」に分かれます。

たとえば、何かを買おうとしたり、何かのサービスに申し込もうとしたりする場面。客観的な視点が強い人は「高価そう」「有名っぽい」「多くの人に支持されてそう」「たくさん群がっている」といった要素に影響を受けます。これは先に述べた「権威性」の具体例とも言えます（専門的には「社会的証明」という表現もされます）。

また「お金」「仕事」「人間関係」「恋愛」といったよくある「不安」や「悩み」も同じです。これらは、客観的な視点から生まれる「不安」や「悩み」です。

たとえば、ある人が月収30万円だった場合。

まわりの同僚や友人が月収15万円なら、不安に思ったり悩んだりすることは少ないです。でも、まわりの同僚や友人の月収が50万円なら「不安」や「悩み」になりやすいでしょう。

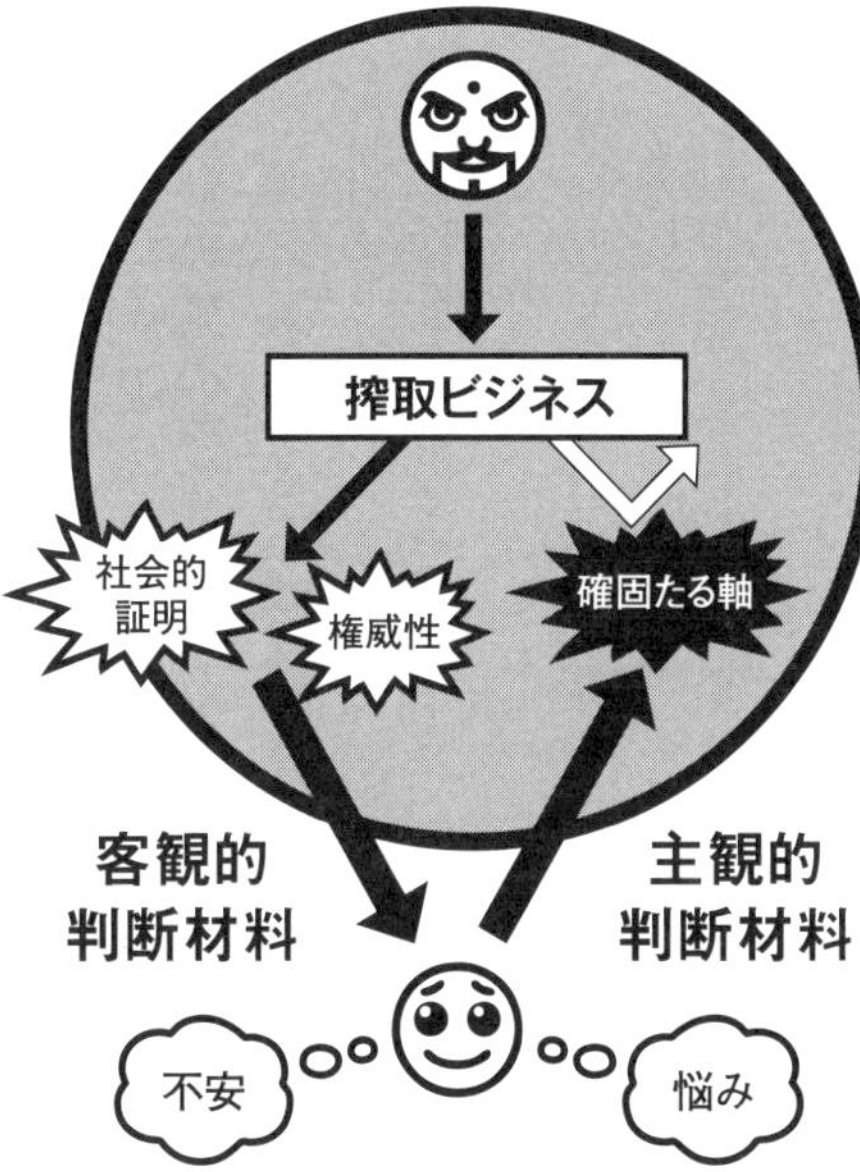

これは「仕事」や「人間関係」「恋愛」などでも同じです。多くの「不安」や「悩み」は「他者と比較して」あるいは「他者にどう思われているか」といった客観的視点から生じやすいのです。

「高価という指標」は、説明するまでもありません。

客観的な視点に立つからこそ、価値観に振り回されている典型例です。

このように、**ビジネス防御力を上げるためには「判断材料を外に持つことは危険」**ということを覚えておきましょう。

「搾取ビジネスの3大ゲート」ネット広告、セミナー、SNS

◉数珠や水でボロ儲けするカラクリ

この項では、搾取ビジネスの具体例をあげてみます。

僕は行政書士として、これまで1000人を超える経営者の相談に乗り、1500以上の事業創出を支援してきました。その中で、搾取ビジネスの見極めを指導したり、反対に搾取ビジネスにならないよう軌道修正を助言したりしてきました。

それらの経験からお話しできる範囲の事例を、いくつかお伝えしていきます。

ここまででお話ししたことの繰り返しになってしまいますが、人はとにかく悩んでいるときに思考停止に陥り、権威性のあるものにすがってしまう傾向にあります。

それを見越して「願いが叶う」「悩みが解消される」ことなどを前面に出したブレスレットや数珠《じゅず》を使ったビジネスがあります。これは、その点が上手に利用されています。

ブレスレットや数珠は、宝石の類を組み合わせて、様々なバリエーションの商品がつくれます。

デザイン的にもすぐれ、それぞれの組み合わせで、様々な意味づけ（ご利益）を与えることも可能です。少しマーケティング寄りの表現をすれば、ターゲットごとのニーズにあった価値提供がしやすいわけです。

標準的なブレスレットや数珠に用いられる宝石は数十円から数百円です。だいたい20個から30個組み合わせて、数十円のポリウレタンゴム紐で括れば完成します。慣れれば10分程度でつくれますし、コストも安ければ１０００円もかかりません。

ですから、**ブレスレットや数珠は高くてせいぜい数千円なわけですが、適正価格で販売するよりも、権威づけをして高額にしたほうがよく売れます。極端な数十万円や数百万円の価格で売れることさえ珍しくない**のです。

この場合は特定の思想的なものや、宗教的なものであることが多いですが、一概に詐欺と断定できるわけではありません。一般的には「霊感商法」と呼ばれるもので、これは詐欺罪などの刑法的観点から断罪するのが難しいとされています。

日本では、憲法で「思想」「良心」「宗教」などの自由が保障されていますし、民法でも「契約自由の原則」というものがあります。

この観点に立った場合は「ダイエットに利く」とか「ガンが治る」などを謳った「水素水」を扱ったビジネスも搾取ビジネスに入るかもしれません。

よく「水素水が健康によい」という話を聞きます。**しかし、水素水の定義や濃度、つくり方などは曖昧《あいまい》で、じつは何をもって水素水と呼ぶのかハッキリしていません。**

もちろん、ここで水素水自体を100パーセント否定する意図はありません。ただ、医学的に水素水の効果を証明する信頼性の高いデータはないのです。仮にあったとしても、それが完全に信用できるのか否かは難しいと言えます。

ましてや、ダイエット効果があるとか、ガンが治るとかいう実証データとなると、なおさらです。

数珠や水素水に限らず、世間的によく聞く「マイナスイオン」や「ゲルマニウム」など、様々なものがあります。

これらすべてを否定することはできない反面、盲目的に信じてよいとも言えません。

◉「お金」＋「〇〇」で誘ってくるネット広告の罠

近年の搾取ビジネスの主戦場と言えば「ネット広告」「セミナー」「SNS」です。いずれも、特徴は先にお伝えした「権威性を出す」「不安につけ込む」「高価に思わせる」ものが中心で、なかでもベースになるのは「不安につけ込む」ものです。

さらに、ネット広告、セミナー、SNS、いずれも「稼げる」「成功」「独立」「幸せ」「簡単（楽に）」といった謳い文句を扱ったものが多いです。

人間の不安や悩みのTOP3は「お金」「健康」「人間関係」と言われています。ですが「健康」と「人間関係」は、誤解を恐れずに言えば「お金」の悩みを解決することで、ある程度は解消できます。つまり、**最も搾取しやすいのは「お金」に関する不安や悩みにつけ込むもの**です。

少し変則的なものとして「お金」の不安や悩みと「別の前向きな何か」を組み合わせたものも多くあります。たとえば「お金」＋「夢実現」は最近になって増えています。

・**誰でもデジタルアート作家になって儲ける方法**

・ほったらかし投資術で悠々自適に暮らす
・好きなことをしているだけで月収100万円を達成した秘密を公開
・手軽にフォロワーを増やして収入に結びつける方法
・出版を実現してあなたのビジネスが加速する

このようなネット広告やセミナーを見かけたことがある人も多いでしょう。
ほかに増えているのは「お金」＋「知的好奇心」の組み合わせです。

・AIで自動化する収入アップの秘訣
・暗号資産億万長者による資産形成術
・NFTで誰でも簡単に安定収入を得る方法
・ゴミをお金に変える魔法のリサイクルビジネス
・始めるなら今、eスポーツコーチングで稼ぐ！

これらを冷静に見ると、ギャグのように見えます。

ですが、実際これらに近いネット広告やセミナーはたくさん見かけます。

◉「ヒヨコ狩り」「二次被害」が生まれるセミナー

こういったビジネスは「情報商材」と呼ばれることもあります。

古くは、スポーツ新聞や雑誌の広告欄に掲載されていた、競馬予想やパチンコなどの「必勝法」を扱った伝統的手法です。やがてインターネット普及後に、ネット広告やネットオークションなどで販売されるようになりました。

その多くは「ギャンブル」「投資」「ネットビジネス」「自己啓発」「人間関係」に関するものが中心です。情報商材が搾取ビジネスに活用されやすい理由は「コストが安い」「身元を明かさなくてよい」「あおりやすい」などがあげられます。

当時の情報商材は、過剰に期待感をあおって、実際の商品はＰＤＦ形式のデータだけということがありました。テキストデータを送るだけで完結するので、内容もその辺の情報の寄せ集めであることがほとんどでした。

やがて、こうした情報商材は「胡散臭《うさんくさ》い」という認識が広がったため、新たに広がったのが「セミナー商法」です。

これは情報商材とは異なり、コストのかからないテキストデータではなく、対面により提供側の身元も明かすため（一応は）信頼してしまいます。

しかし、根本的なビジネスモデルは同じで「お金」「健康」「人間関係」という人間の不安や悩みＴＯＰ３につけ込んだものです。

その上で「権威性を出す」「高価に思わせる」を駆使して搾取を試みます。

セミナー商法は情報商材と違い、購入者にとっても一定の満足感（体験ができる）がありますし、提供者の素性がハッキリしています。

また、**セミナー商法では、一定の業界に特化したものもあり、新規参入者の知識不足につけ込んで、ニワカな権威性と高額講座の組み合わせを駆使する「ヒヨコ狩り」**と呼ばれる形態もあります。

ある程度、その業界に長くいれば得られる（たいしたことのない）知識やノウハウでも、新規参入者には見分けがつかないことにつけ込んで、高単価で売りつけるものです。

つまり、セミナー商法は、提供者の素性もハッキリしていたり、無知につけ込むものが多いので搾取ビジネスなのか、それとも堅実ビジネスなのか線引きが難しいです。

その反面、情報商材と違って、**セミナー商法では「その場の雰囲気にのまれる」「盛り上がりから判断力を失う」「ああ言えば、こう言う（応酬話法）で押し切られる」といった囲い込みによる高額商品購入の二次被害**も生じます。

そこで、このような情報商材やセミナー商法に対しては、特定商取引法など一定の法規制がおこなわれました。

◉SNSは「自称・専門家」の巣窟だった!?

近年、これらの手法が、SNS時代の到来によって息を吹き返しているようです。

SNSは、システムの特性上（アルゴリズムにより）「大衆が興味を持つ投稿」が拡散しやすくなっています。これは搾取目的のビジネスにとって、とても相性がよいです。

さらにSNSは、フォロワー数や投稿表示数、閲覧数、登録者数、再生数といった指標が備わっているものがほとんどです。これは「権威性」を演出するのに都合がいいのです。

もっと言えば、現実的な「専門性」や「資格」とは無関係に、権威性を得ることができます。雪だるま式に影響力を拡大することも容易です。

ＳＮＳの時代は、誰でも発信者になれますが、肩書や経歴はもちろん、専門家と言っても自称にすぎません。

テレビ、新聞、雑誌、書籍など、従来からあるマスメディアは、一定程度マスメディア企業が発信者の信頼性を担保していました。インターネットの登場により、このような第三者によって担保されない専門家があふれてしまったのです。

さらに、インターネットによる一方通行の発信だった時代の情報商材と違って、オンライン上である程度、セミナー商法のような囲い込みがおこなえます。

ＳＮＳの媒体も豊富なため、商材の特性やターゲットの「囲い込み具合」に応じて、ＳＮＳ媒体を使い分けて管理することもできます。

２０２３年10月に、景品表示法の類型に「ステルスマーケティング規制」が追加され、ある程度ＳＮＳなどの「影響力に対する規制」が始まりました。

とはいえ、情報商材やセミナー商法に対する特定商取引法のように、まだまだＳＮＳによる搾取ビジネスへの規制は及んでいません。まずはこれらの構造とハマってしまう原因を、本書で知っていただければと思います。

「独特・難解・発展的」の3業界に要警戒
輩はどこにいる？

◉マスメディア・不動産・IT業界はなぜ危険か

インターネットやSNSに対して、法規制がカバーできていたり、できていなかったりということは事実です。ただし、このような書き方をすると「近年の搾取ビジネスの主流はインターネットで、マスメディアは安全」と誤解されたかもしれません。

前項の「ネット広告」「セミナー」「SNS」という**搾取ビジネス3大ゲートは、身近な事例が多いので取り上げましたが、実際には注意が必要な業界は多種多様**です。

ここでは例として、独特な業界「マスメディア」を、難解な業界「不動産業界」を、発展的な業界「IT業界」を取り上げます。

商習慣や形態が独特であったり、使われている用語や法知識が難解であったり、つねにトレンドや市場が発展しているような業界には、とくに注意が必要です。

◉「本を出したい」「取材されたい」につけ込む輩

マスメディアの業界は、発信者の信頼性担保をおこなっていると説明しましたが、これはあくまで「まっとうなマスメディア」の場合です。

一口にマスメディアと言っても、その業界内にはピンからキリまであります。なかには、マスメディアの皮を被った搾取ビジネスが存在しているのです。

たとえば、出版社と標榜《ひょうぼう》していても、実際は書籍の制作や流通による利益をあげず、出版講座（セミナー）や、著者に出版費用を支払わせて（自費出版）利益を確保している会社は意外に多いです。**そもそも、多くの人は「商業出版」と「自費出版」の違いがわからないかもしれません。**

しっかりとした出版社から出版する商業出版は、著者が出版社から原稿料や印税を受け取り、執筆します。制作された書籍は「出版取次店」と呼ばれる流通業者を介して、全国の書店に陳列されます。

つまり、コスト支出のリスクを出版社が負っているのです。

そのため、出版社にとって（著者にとっても）書籍が売れることが利益になります。著者の「課題解決」や「目的達成」に沿っているため、これは堅実なビジネスです。

一方で、自費出版というのは、書籍制作に必要なコストを著者が負担するため、出版社にとっては、出版費用を著者から受け取った時点で利益が確定します。

その後、書籍が売れなくても、また著者にとってブランディングが下がっても関係ないのです。出版取次店を介した流通も、さほど積極的におこなわれないのは想像に難くありません。これは、ビジネスモデルで考えた場合、すでに述べた「情報商材」や「セミナー商法」に近い構造です。

ちなみに、出版社や商業出版に無縁な者が、この形態でおこなう「電子出版」を活用したビジネスモデルも存在します。

顧客は「不安という課題解消」、あるいは「自己研鑽《けんさん》」などの目的を持って訪れます。

しかし、**搾取ビジネスをおこなう不誠実な輩にとっては、顧客が目的を達成しようがしなかろうが、どっちでもいいのです。情報が売れたり、セミナーに参加してもらったりした時点で、利益が確定して終わり**です。

堅実ビジネス

目的

顧客の目的達成、課題解決

ビジネス形態

地道な継続、信頼の構築

キャッシュポイント

目的達成と同時 or 目的達成後

搾取ビジネス

目的

顧客の獲得

ビジネス形態

売上確保、販売拡大

キャッシュポイント

販売時点

これは出版というサービスでなくとも同じで、経営者や事業者をターゲットにおこなう「取材商法」というものがあります。

あるとき、会社や事業所あてに出版社から電話がかかってきて「あなたの事業（あるいは代表者自身）を取材させてほしい」とオファーがあります。なかには、著名人を起用している場合もあります（懐かしい芸能人が多いです）。

取材には、実際に著名人とスタッフが来訪するわけですが、取材した内容が掲載される雑誌を大量に購入することが条件だったり、逆に取材費をせしめたりするのです。

同様の手法は、地上波のテレビ出演や、ケーブルテレビ、インターネット番組出演などでも存在します。ちなみに、僕の事務所への相談では、なぜか（音楽の）ＣＤデビュー系の被害相談が多かったです。

◉不動産業界で騙されることが多い理由とは？

マスメディアのような特殊な業界でなくとも、同じビジネスモデルはたくさんあります。このようなビジネスモデルが不動産業界のように、複雑な法知識や専門用語が飛び交う難解な業界に持ち込まれると、見抜くことはいっそう困難になります。

たとえば、２０１７年前後に戸建てやマンションの一室を活用した「民泊」というビジネスが流行になりました。

民泊は、持ち家や別荘など、戸建てやマンションを活用し、使っていない期間だけ、他者に貸し出して収益を上げる「シェアリングエコノミー」というビジネスです。

自分が使ったり、使わなかったりと「建物利用をシェア」するから「シェアリング（共有）」する「エコノミー（経済）」です。**この民泊ビジネスの流行に便乗して登場したのが、民泊ビジネスコンサルタントや、悪質な不動産会社、建設会社です。**

彼らは、巧みに「インバウンド（訪日外国人の増加）で、宿泊施設が足りてないから、今、民泊ビジネスに投資したら儲かりますよ」と方々《ほうぼう》であおりました。

ですが、これはこれまでにお伝えしたモデル同様、あおっている側にとっては、情報を信じて物件を買った顧客が民泊で儲かろうが、失敗しようが関係ないのです。

民泊コンサルタントは、コンサルタント報酬やセミナー料をもらえば「利益が確定」して終わりです。そのほか、不動産会社は物件仲介手数料がもらえれば終わりですし、建設会社も改装工事をして施工代金をもらえば終わりです。

当時、僕は観光都市の京都を俯瞰《ふかん》していましたが、宿泊施設が足りていないというのは、たしかに事実としてありました。

しかし、実際は多くの地区で大きなホテルが建設中でした。つまり、誰でもかれでも形式的に民泊を始めれば儲かるという状況ではなかったのです。

昔から不動産業界というのは、法律的にも、不動産価格の仕組みや建物構造の知識なども複雑な業界ですので、警戒すべき要素が多い分野です。

一時の民泊ブームでは、それが広範囲に露呈してしまった事例だったと言えます。

◉次々と「詐欺師まがい」が出てくるＩＴ業界

仕組みや構造が複雑な業界と言えば、ＩＴ業界もあります。

ＩＴ業界の場合、トレンドがコロコロと変わったり、技術革新を受けて業界全体で発展したりするので、より騙されやすい環境と言えます。

たとえば、インターネット黎明期では、いち早くホームページ制作を事業に取り入れた業者が、実際には（ＨＴＭＬというプログラム言語を）ちゃちゃっと書き換えるだけで数万円を儲ける、というビジネスが横行しました。ただし、それについては、いち早く難解な知識を習得した付加価値と言えなくもありません。

しかし、もう少し時代が進むと「ＳＥＯ（ネット検索で上位に上がりやすくする方法）」の基礎がまったくわかっていないのに、**聞きかじりや寄せ集めの知識で「ニワカＳＥＯコンサルタント」を名乗る輩が増殖**しました。

さらに、インターネットが市民権を得て事業に行き詰まった元チラシ・ポスター制作会社が、既存のデザインスキルだけを使って、**見栄えだけがそれっぽい「ハリボテＷｅｂサイト」を何百万円という高額で請け負う事例**なども現れます。

近年でも、まったく「トランスフォーメーション（変革）」できない、ただのＩＴシステムを「ＤＸ（デジタル・トランスフォーメーション）」と銘打って高額販売する業者が多くいます。

また、生成ＡＩの仕組みを理解せずまま、すべての業務を置き換えることができると豪語して、**ただの「ChatGPT 使い方講座」を高額で販売している例**もあります。

さらに、Ｗｅｂ３の本質や、ＮＦＴの本来的な機能を理解せずに**「Ｗｅｂ３を導入すれば、御社の事業が拡大する」とか「ＮＦＴで誰でも儲かることができる」など過剰にあおっている例**などもあります。

このように、こうした発展的な業界に潜む危険は枚挙に暇がありません。それなりに勉強していないと、話についていくことすらできず、気づかないうちに不本意な大金を払ってしまいかねないのです。

搾取ビジネスを完全撃退する6タイプ別「クセつよ診断」

◉人を「価値観」と「行動原理」から6タイプに分類

2023年、拙著『できる社長の対人関係』（秀和システム）を出版しました。この本は、人の価値観と行動原理から自分や相手を6タイプに分類し、良好な対人関係を築くメソッドを紹介するものです。このメソッドを「その人らしさ（クセ）」の強さから導くという意味を込めて「クセつよ診断」と呼んでいます。

クセつよ診断の詳細なメカニズムや活用法、対人関係構築法が気になる人は『できる社長の対人関係』をお読みいただきたいのですが、ここでは簡単に概要を説明します。

人は、物事を見聞きしたり反応したりするときに、客観的な側面が強く出る人と、主観的な側面が強く出る人に分かれます。

先ほども少し触れましたが、客観的側面が強いというのは、つねに「人からどう見られているか」を気にし、状況に合わせて振る舞いをコントロールできる人です。言い換えれば、社会的に良好な性質を有している人で、世間的な表現を借りれば「空気の読める人」と言えます。

対して、主観的側面が強いというのは「人からどう見られているか」は気にせず、自分の価値観に従う人です。相手や周辺の状況に振り回されず、いつでも一貫していると も言えますが、世間的な表現を借りれば「空気の読めない人」となります。

さらに、人の行動原理には「伝統的」に寄る人と「革新的」に寄る人に分かれます。

料理にたとえるなら、レシピ通り忠実に再現しようとする人が「伝統的」です。対して、レシピを犠牲にしても、目の前の料理の味や盛りつけの状況に合わせ、その場でアレンジしようとする人は「革新的」と言えます。

経営者の考え方も、伝統を大切に維持し続ける「伝統的なタイプ」と、つねに時代を先取りして斬新なビジネスを追い求める「革新的なタイプ」がいるのはイメージできるでしょう。

◉「自分はどのタイプか」がスマホですぐにわかる

このように「クセつよ診断」は、人の価値観と行動原理という二つの軸から、次の6タイプに分けて特徴を把握しようというメソッドになります。

【マスター（研鑽者）タイプ……優秀でバランスはいいが融通がきかない】

観点が主観型・客観型いずれにも偏らず、伝統的な行動原理が強いタイプです。個人として、一つの分野で抜きん出た活躍をしている人が多く、6タイプ中、最も秀でた能力や成果が見えやすいタイプです。

「決まりごとや伝統・風習・学びを重んじる」「ルールを破る者が許せない」「反復継続が得意」「集中力や忍耐力がある」などの特徴があります。

【アレンジャー（改良者）タイプ……好みや共感を優先してアレンジし続ける】

観点が主観型で、伝統的な行動原理が強いタイプです。基本的には、決まりごとや伝統を重んじますが「それだけでいいのか？」と考えてアレンジを加えます。

「好きなことや共感できることに時間やお金を費やす傾向がある」「地位・名誉・利益では釣られない」「ストレートにものを言う」「興味がないものや人にはリアクションが薄い」などの特徴があります。

【クリエイター（創造者）タイプ……天才肌の個人主義者だが他者視点が苦手】

観点が主観的で、革新的な行動原理が強いタイプです。

ビジネス面で言えば、自らのモチベーションが上がることへの集中力は高く行動的になりますが、苦手なものや気に入らないものが混じることで途端にやる気を失ったり、興味がなくなったりします。

「プライドが高く個人主義」「知的好奇心や探究心が強い」「美的センスや芸術センスが高く、新しいもの好き」「神経質な一面と無鉄砲な一面がある」などの特徴があります。

【アンバサダー（伝道者）タイプ……伝達と拡散・市場分析に長けた黒子】

観点が客観的で、伝統的な行動原理が強いタイプです。自らが出すぎることを避ける傾向にあり、場の空気や常識を気にします。

仲間意識の強さや同種のネットワーク形成に長けているので、伝達力の強さや拡散力の高さは6タイプの中でも抜きんでています。

「基本的には優秀で物事をそつなくこなす」「外部からのインプットが必要」「トレンドや周囲に振り回されがち」「世間の動向をつかむのがうまい」などの特徴があります。

【マネージャー（管理者）タイプ……人材管理と組織管理は得意だが実務は苦手】

観点が客観的で、革新的な行動原理が強いタイプです。

6タイプ中、最も他者を活かすことにすぐれたタイプで、関わる人や集団のメンバー全員がうまくいくことがベストと考えています。

「理論的で構造分析などが好き」「人当たりがよく信頼関係を築きやすい」「大言壮語するところがある」「風見鶏《かざみどり》的なところもあり意見が変わりがち」などの特徴があります。

【イノベーター（革新者）タイプ……大失敗か大成功か、未知に挑むカリスマ】

観点が主観型・客観型のいずれにも偏らず、革新的な行動原理が強いタイプです。その独特の価値観は他人に理解されにくいですが、ブレない信念と行動力があります。

ただ、自らの根拠すら言語化するのが苦手なところがあり、周囲を振り回しがちになることも……。

「既成概念に囚《とら》われない」「カリスマ性が高く、コアなファンができやすい」「ややナルシストでヒロイックに酔う傾向がある」「大失敗か大成功かに分かれる」などの特徴があります。

本文を読んだだけで、自分がどのタイプかわかった方もおられると思いますが、より詳しく知りたい方は、次の二次元コードより「セルフクセつよ診断」をお試しください。

セルフクセつよ診断

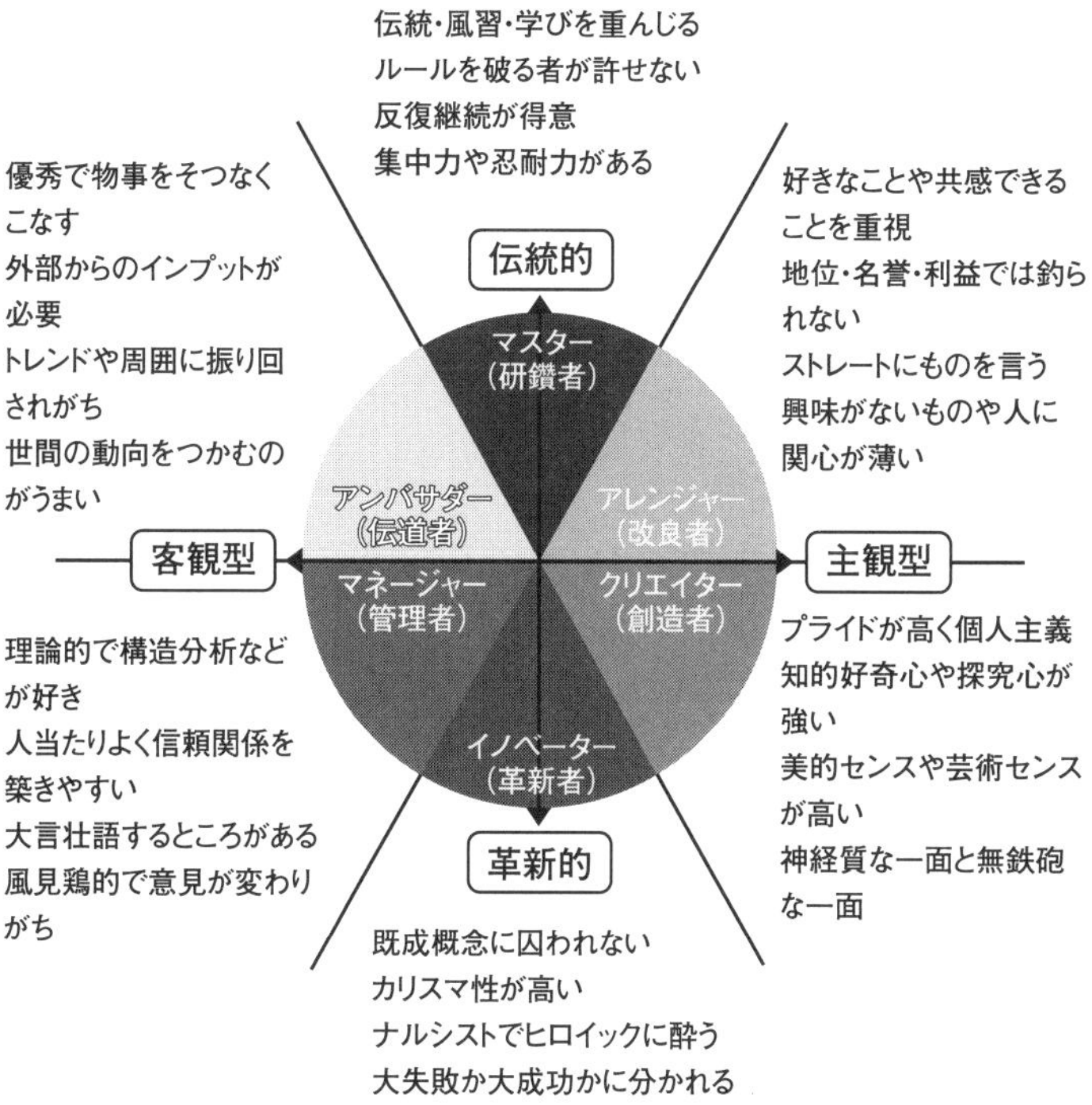

自分と同じタイプ、両隣のタイプは相性がよく、
逆に向かい合っているタイプとは相性が悪い傾向がある

◉気をつけたいのは「客観型」の2タイプ

前作『できる社長の対人関係』が出版されてから、多くの方に先ほどの「セルフクセつよ診断」を利用いただいています。さらに、このサイトからは、各タイプの総数が集計されているのですが、非常に興味深かったのは各タイプの分布です。

「マスタータイプ」「アレンジャータイプ」「クリエイタータイプ」「イノベータータイプ」は、だいたい10％前後で均等に分布しています。

一方で**「アンバサダータイプ」が全体の半分近くを占めており圧倒的に多く、反対に「マネージャータイプ」は、全体の3～4％と僅少《きんしょう》である**ことがわかりました。

じつはこの分布は、書籍出版前に企業や行政などの組織構成員で実施しても、おもしろい傾向が出ていました。

ホワイトカラーが多くを占める企業の従業員や行政職員だと、やはり「アンバサダータイプ」が6割近くを占め「マネージャータイプ」が数パーセントになります。

他方で、IT企業、フリーランス、個人事業者などの分布は「アレンジャータイプ」や「クリエイタータイプ」の割合が高くなります。

僕の見立てでは「（現状の）日本人の多くに共通する価値観が、アンバサダータイプへの偏りとして表れている」というものです。

古来、日本は「家族」「地域」「職場」といった「なんらかのコミュニティに属すること」と「属するコミュニティを尊重すること」を大切にしてきました。

日本においては、多くの人が「自分が異質な存在と扱われると得にならない」ということを知っているのではないでしょうか。

これからの時代はともかく、少なくとも従来は「日本で生きやすい処世術」として「集団から排除される行為は極力控える」という文化が形成されてきたのです。

ところが**「ビジネス防御力を高める」という観点では、この「日本人らしさ」が仇《あだ》と**なっています。

前にもお伝えした通り、人間の「悩み」や「不安」は「客観的な視点」から生まれやすいので、客観型の価値観を持つ方は被害にあうリスクが高いとも言えます。

さらに、驚くべきことですが、自らが知らず知らずのうちに搾取側に回ってしまう可能性を秘めているのも客観型タイプです。

クセつよ診断のタイプ別で言えば、強い警戒心を持ってほしいのは「アンバサダータイプ」であり、逆に加害者になりやすいのは「マネージャータイプ」と考えられます。

誤解のないように書いておきますが、決して「アンバサダータイプがダメだ」とか「マネージャータイプは人を陥れる」ということを言いたいわけではありません。

自らの性質を理解した上で、よりよい「クセの活かし方」を考え、自らの性質に沿ったキャリア形成をしていただきたいという想いです。

また、アンバサダータイプだけが被害にあうというわけでもありません。僕自身はクリエイタータイプですが「はじめに」でお伝えしたように見事に騙されました。

つまり、どのタイプにも危険因子は潜んでいます。単に、搾取モデルのテンプレートに合致しやすいタイプが、アンバサダータイプとマネージャータイプということです。

◉各タイプを「天・地・人」に細分化せよ

前作『できる社長の対人関係』は、価値観と行動原理から、人のタイプを6タイプに分類しました。この本は「対人関係を良好にする」ことがテーマだったので、あえて取り上げなかったのですが、じつはこの6タイプにはそれぞれ3つの属性があります。

それが「天（インプロ）」「地（アナライズ）」「人（アンサンブル）」の3つです。同じタイプでも、属性ごとに自らの特性を効果的に発揮できるベクトルが異なります。アンバサダータイプやマネージャータイプはもちろん、どのタイプであったとしても、自らの属性を知るなり決めるなりして活かすことで、搾取ビジネスから遠ざかることができるのです。

逆に言うと、3つのうち、我が身をどの属性に置くかを決める必要があるとも言えます。この属性が定まらないと、いわゆる「自分軸がない状態」となりかねません。

【天（インプロ）属性】

インプロというのは、インプロヴィゼーションの略。直観的、感覚的に自由に行動することで、自らのタイプの特性を効果的に高めることができる属性です。

直観的、感覚的と書くと、クリエイタータイプの特性のように思われるでしょうが、学んだことをひたすら反復継続するマスタータイプや、仕組みや構造化を得意とするマネージャータイプであっても「天（インプロ）」属性はあります。その反復継続性や、仕組み・構造を生み出す作用が「直観・感覚」を研ぎ澄ますことで促進されるのです。

まさに、天命に導かれるまま、自分だけを信じて進むだけで、その人のタイプの「クセつよ」を最大限発揮できてしまうのが「天（インプロ）」属性です。冒頭の「アリとキリギリス」の話で言えば、この属性はキリギリスに該当します。

つまり、生まれた時点でかなり特殊であり、希少な存在です。俗っぽい言い方をすれば天才なのです。

裏を返せば、早いうちから飛びぬけた才能を発揮して結果を出した覚えがない人は、次の「地（アナライズ）」か「人（アンサンブル）」属性を目指すべきです。

【地（アナライズ）属性】

「日本人の多くがアンバサダータイプだ」と言われると、何を拠り所にしたらよいか不安になる人が多くなります。また、ほかのタイプでも、他者に惑わされず、つねに安定した拠り所を持ちたいと思う人は多いはずです。

そんな人に心強い属性が「地（アナライズ）」属性です。

アナライズというのは、理論や技術を解析・理解することを言います。理論的とも言いますが、直観や感覚に委ねるべき「天（インプロ）」とは真逆の属性と言えます。

周囲からのオイシイ話や誘惑に振り回されず、地道に着実に「地に足をつける」ことで、自らのタイプの特性を効果的に高めることができます。

簡単に言うと、自分自身に蓄積する理論や経験、実績を拠り所にしているタイプです。職人気質やプロフェッショナルのイメージとでも言いましょうか。

たとえば、クリエイターやアレンジャータイプであっても、直観や感覚より、理論や技術に根差して創造・アレンジするタイプです。

アンバサダータイプであれば、礼儀作法がしっかりしていて、まわりの人を不快にさせません。またマネージャータイプであれば、多少嫌がられようが信賞必罰やルールを徹底して、組織自体が機能するよう振る舞います。

確かな拠り所を持ちたいという人向けなのが「地（アナライズ）」属性なのです。

【人（アンサンブル）属性】

自分の直観や感性だけを信じるのは不安だし、理論や技術を拠り所にすることもできそうにない人は「人（アンサンブル）」属性が向いています。アンサンブルとは、組み合わせてつくり上げることです。

積極的にコミュニケーションを取り、いろんなタイプとの人づき合いもうまい、社交家や人たらしのイメージです。外部人材との連携や関係性を活かして、自らのタイプの特性を効果的に高めることができます。

こう表現すると、アンバサダータイプやマネージャータイプの特徴に思われるかもしれませんが、あくまで「人（アンサンブル）」属性は、主観的に人間関係をつくり上げるという点で異なります。

この属性をクリエイタータイプでたとえると、映画製作などは個々の個性を発揮した創造性が必要です。監督なら、役者、脚本家、音楽家、美術、カメラマン、衣装デザイナー、ビジュアルエフェクトクリエイターなど、様々な人たちとの連携・協力が必須になりますが、そういった人間関係を上手に組み合わせます。

アンバサダータイプであれば、自ら率先して、その場やコミュニティの環境をよりよいものにしようと振る舞います。時にはみんなが楽しめるように（ピエロ的に）盛り上げ役に徹します。またマネージャータイプであれば、人々に希望あるビジョンを掲げて、ついてくる人たちによき会社・コミュニティの創造を目指します。

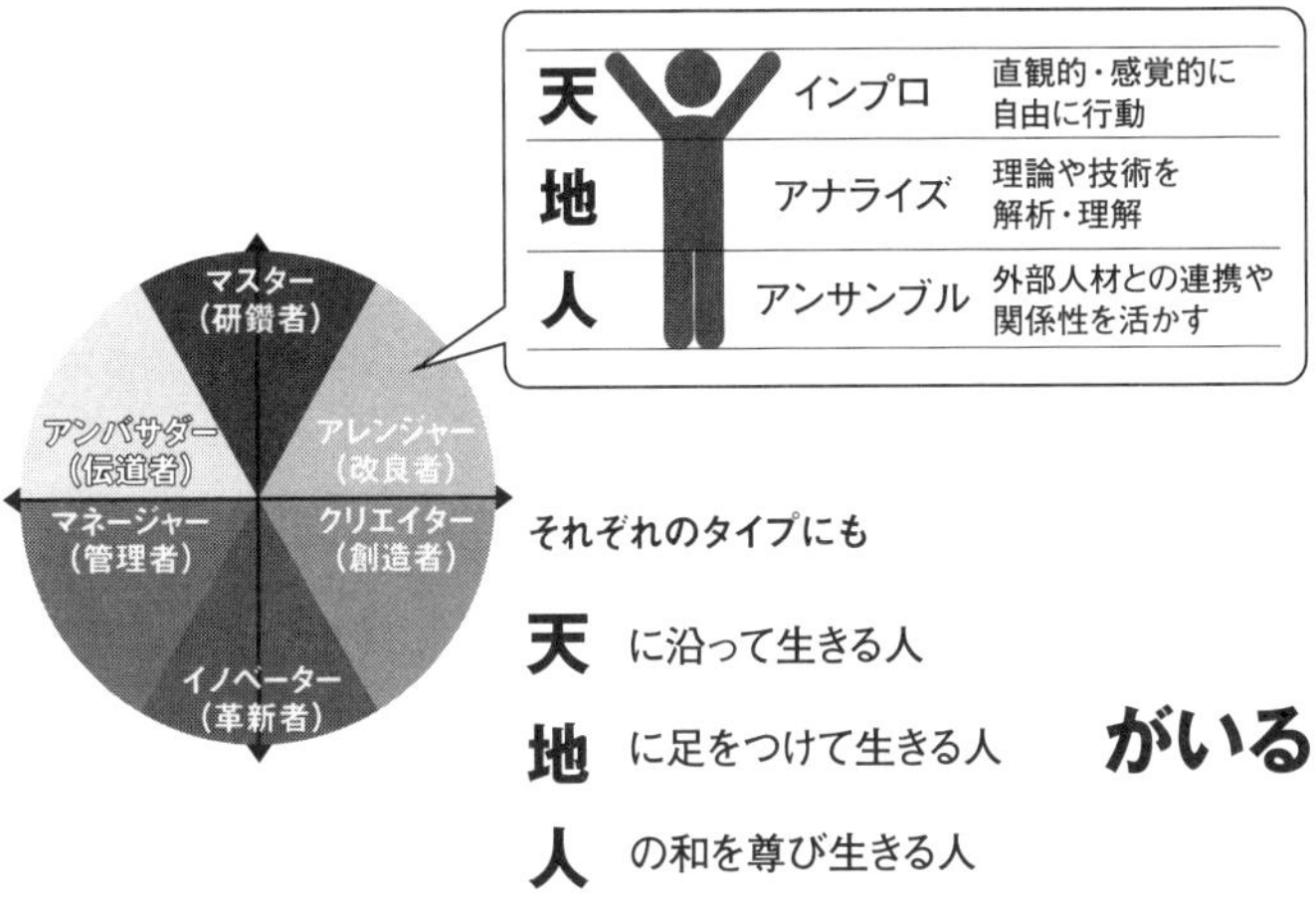

このように、自らの価値観と行動原理を知り、さらに自分の特性を活かせる属性を理解すると、自分の外にある判断材料に惑わされることがなくなります。

特定の人を盲信したり、似たようなタイプの人ばかりとつき合ったり、同じグループに入り浸っているアンバサダーは、自分軸がない状態です。

同様に、上司からも部下からも便利に押しつけられて、部長や課長をしているのが自分軸のないマネージャーです。

こういう方は、搾取ビジネスをする輩からすると、いいカモです。これはどのタイプであっても同じことなので、そうならないように必ず自分の属性を定めましょう。

第１章のまとめ

①ビジネスには正当な「アリ型」と、特殊な「キリギリス型」、さらには搾取ビジネスの「シロアリ型」がいる

②どんな人間も、この「シロアリ型」に騙される可能性がある

③判断材料を自分の中ではなく外に持つと、自らの不安や悩みが倍増し、搾取ビジネスにつけ込まれる余地が増えてしまう

④搾取ビジネスは「ネット広告」「セミナー」「SNS」から始まることが多い

⑤搾取ビジネスを仕掛ける輩は、独特な業界、難解な業界、発展的な業界に多い

⑥人は「価値観」と「行動原理」から6タイプの「クセつよ」に分けられる。これが搾取ビジネスを撃退させる第一歩

⑦どのタイプも、搾取ビジネスの被害者・加害者になりえるが、とくにアンバサダータイプ、マネージャータイプは要警戒

⑧「天・地・人」で、自分をどの属性に身を置くか決める。ただし「天」は決められるものではないので、「地」か「人」の属性で

第2章

搾取ビジネスを仕掛けてくる「シロアリ集団」を撃退せよ

「天」ではなく「地」と「人」を目指せば被害なし

◉レアメタルではなくダイヤモンドを目指せ

クセつよ診断による6タイプの分布は「アンバサダータイプ」が全体の半分近くを占めます。また「マスタータイプ」「アレンジャータイプ」「クリエイタータイプ」「イノベータータイプ」は均等に10％前後、「マネージャータイプ」は全体の3〜4％でした。

これらは第1章でお伝えしていましたが、では「天・地・人」3つの属性については、どのような分布になっているのでしょうか？

クセつよ診断のようにWebサイトを公開し、統計を取ったわけではないので、僕がこれまで1000人超の経営者を支援してきた経験測になりますが、着実に成果を上げる人の大半は「地（アナライズ）」と「人（アンサンブル）」の属性でした。

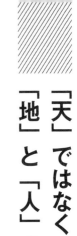

逆に言えば「天（インプロ）」属性の生き方で、自らの特性を活かした成果を出していくのは、けっこう難しいということになります。

つまり「天（インプロ）」属性で成功している人は、かなり少ないということです。

こう言うと、なんだか当たり前の話のように思われるかもしれません。

「天才が少ないのは当然でしょ。改めて言われなくてもわかってますよ」と。

ですが不思議と、人生プラン、キャリア形成、仕事、成功といった「なりたい自分」を描くとき、人はこんな簡単なことも忘れてしまいます。

じつは、**ここが搾取ビジネスの被害者になるか否かのポイントにもなりえる**のです。

「天（インプロ）」属性の人は、その数が少ないからこそ目立ちやすいです。さらに、数が少ないものは、価値が高くなりがちです。

全国で名前が知れ渡っている人、フォロワー数がきわめて多い人というのは、数が少ない「規格外の人」です。

本書では、こういう人を「キリギリス」と称しています。こういった「キリギリス」は価値が高いので、みなさんがありがたがるのも、推すのも自由です。

ただし、あくまで「ありがたい」「推したい」対象なだけで、「なりたい自分」と重ね合わせる対象とは言えません。

搾取ビジネスに引っかかる方は、ここでつまずいてしまうことが多々あります。「はじめに」でもお話ししましたが、アリがキリギリスを目指すのは危険です。

こういうときに、搾取ビジネスの輩が寄ってきて「あなたもそうなれますよ。セミナーに来てみませんか？」とささやかれたら……。

キリギリスをさらにたとえるなら、ありがたいレアメタルです。それはそれで「社会の役に立っている」と認識しつつ「自分の糧《かて》にはならない」と区別するべきです。

誤解のないように言っておきますが、これは別にネガティブな話をしたいわけではありません。レアメタルは「埋蔵量が少ないことが価値」というだけです。大半の人は、そんな生き方を目指さなくても、むしろ当たり前に輝けます。

アリをさらにたとえるなら、ダイヤモンドです。変に**レアメタルを目指さなくても、めちゃくちゃ輝いて、多くの方に必要とされ、とてつもなく高い価値を生み出せます。**

安心してください。本書は、その方法についてもじっくりお話ししていきます。

◉「状況が変わった瞬間」は狙われやすい

第1章で、搾取にあいやすい状況を詳しくお伝えしました。

それは「思考停止状態」にあるときで、その代表が「ルーティンワークに追われているとき」や「不安を抱えているとき」です。

前章では「不安を抱えているとき」の危険性を説きましたが、仮に不安を抱えていないように感じていても、注意していただきたいのが「状況が変わった瞬間」です。

よくあるのが、定年退職した方が退職金を騙し取られる、というケースでしょう。

これは「ルーティンワークをこなし続けているときの思考停止」と真逆の状態です。ルーティンワークをこなしているときに思考停止状態に陥るのは、人間の本能のようなものです。人間は「何も変えずに現状を維持するほうが、安定的だし快適だ」と同じ状態を継続するようにできています。

こういう人間の機能を、認知科学では「ホメオスタシス（恒常性維持機能）」と呼びますが、安心しきっているところをつけ込まれるイメージでしょう。

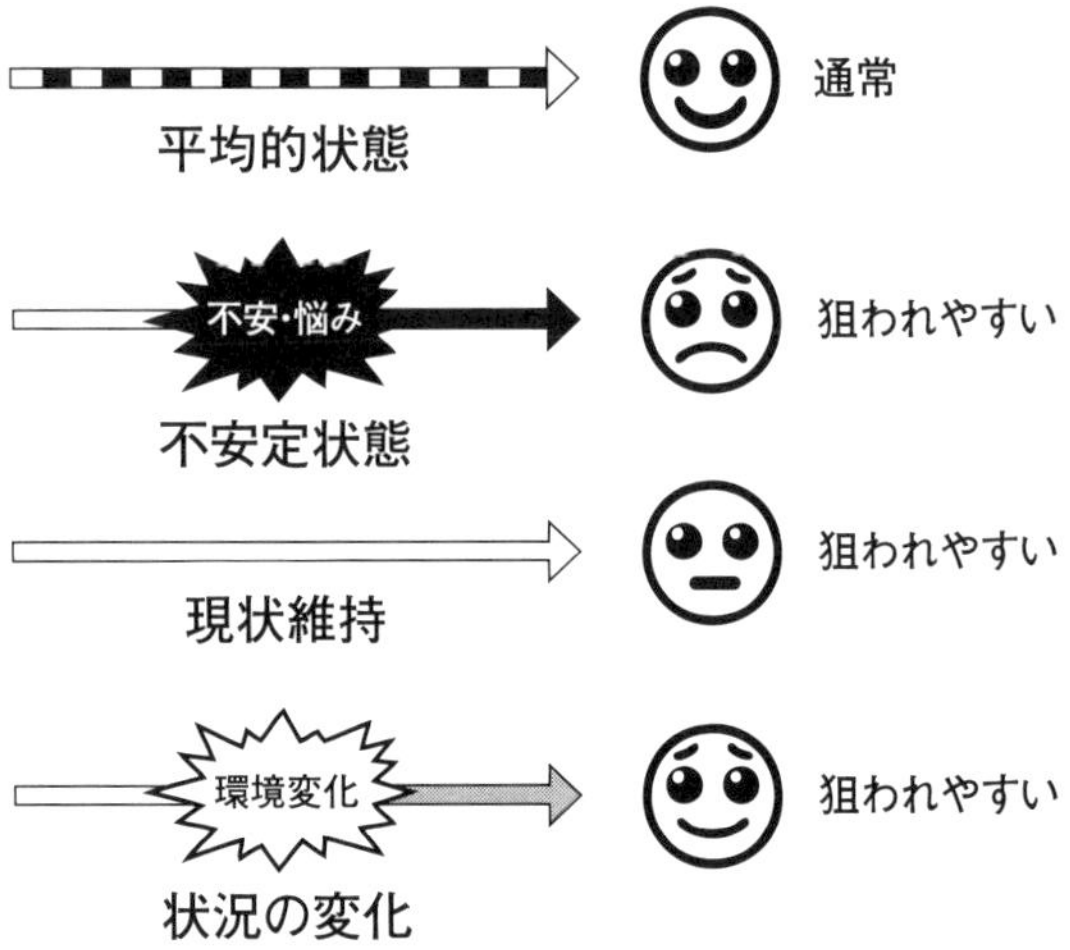

逆に言えば「状況が変わる」ことは「不安」に感じるということです。しかも「お金に困っている」「人間関係に悩んでいる」「健康が保てるか心配」というような不安の状態とは異なり、**状況が変わったことによる不安は自分でも気づきにくい**です。

状況が変わるとき、つまり、安定性を欠き不安なときというのは、なんとか拠り所が欲しくなります。

たとえば、大学進学や就職で、故郷を離れた新天地において、いとも簡単に騙されることがあります。災害や感染症拡大の際に、平常時であれば惑わされないはずの勧誘にひっかかる方も後を絶ちません。

結婚、あるいは離婚のときも同じです。

とくに離婚の際は、経済的な不安も伴うことが多く、第1章で取り上げた「お金+夢実現」系の搾取ビジネスに惑わされる人が多いです。

こんな「状況の変化」に直面し「無自覚な不安」がある状態でも、自分の「外」に判断基準を置かなければ、オイシイ話に惑わされることはありません。

矛盾しているように聞こえるかもしれませんが、不安定で拠り所が欲しいときほど、じつは自分の中にある判断基準に従うほうが安定するのです。

◉余計なものを足さない。むしろ削っていけ

先ほど、レアメタルにならなくても、ダイヤモンドのように輝けると言いました。これは、自分の中にある軸に注力するところから始まります。

ダイヤモンドの原子は99・95%が炭素で、炭素は石灰や鉛筆の芯と同じです。こう書くと、なんてことはないでしょう。成果を出したり、夢を叶えたりして「輝く」ためには、何も突拍子もないことを追い求める必要はありません。

「輝ける」と「数が少ない（高価）」はイコールではないのです。

ダイヤモンドを生成する過程はシンプルです。材料となる炭素に5万気圧以上の圧力と、千数百度の高温をかければでき上がります。つまり、自分がいちばん燃え上がる条件と事柄に、全力を注いで圧と熱をかければダイヤモンドの原石となれるのです。

また、ダイヤモンドの輝きはブリリアントカットという、多方面の光を取り込み、反射する研磨やカッティングでできています。

多くの方が、自分を輝かせようとすると、何かを自分に足したがります。しかし、それこそが、搾取ビジネスにつけ込まれる余地を生むのです。

自分に権威性を持たせたり、人脈づくりに精を出したり、ベタベタと自分に何かをつけ足す必要はありません。

むしろ現実的には多くの場合、それは「逆ブランディング」と化します。

ダイヤモンドの輝きは、どんどん削っていくことで高まっていきます。

「地（アナライズ）」にしろ「人（アンサンブル）」にしろ、余計なものを削って自分軸を磨いていきましょう。とくに状況が変わったときこそ、むしろ自分の軸を見つめ直して輝く準備をするべきなのです。

◉「逆ブランディング」とは何か？

先ほど話に出てきた「逆ブランディング」というのは、読んで字のごとく、逆効果となったブランディング戦略のことです。こういった事例は無数にあります。

たとえば、**第1章で触れた取材商法は、事業者が起業してすぐに惑わされやすい典型**です。これも状況が変わった瞬間を狙われた「事業者あるある」と言えるでしょう。

よく聞くのは「（なつかしい）著名人に取材してもらった記事を、雑誌やネットメディアに掲載してもらう」「なんだかよくわからない（ローカルな）番組に出る」「あまり聞かない会社から書籍を出版する」というケースです。

なぜ、こういったものに乗ってしまうのかというと（もはやお決まりのフレーズになってきましたが）判断基準が自分の「外」にあるからです。

冷静に考えればわかるはずなのですが、やはり起業した直後という状況が変わった瞬間の不安さ、さらにその不安に自分自身が気づけなかったことで、搾取ビジネスの輩に騙されてしまうのでしょう。

まっとうなメディア企業は「読者や視聴者に喜ばれる人や事業」を取り上げます。

つまり「著名人に取材された」「自分のことが記事になった」ということで喜ぶような人ではなく、ひたすらに自身の商品やサービスを磨いている人を選ぶでしょう。

より率直に言うと、その人の価値観が、その人の中にしっかり根づき、さらに商品やサービスにその価値観が表れている……そんな人を選びたいはずなのです。


インターネットでなんでも情報を集められるようになった昨今、多くの消費者は賢くなっています。よくわからない雑誌に載ったり、番組に出たり、書籍を刊行したところで、自らのビジネスをブランディングすることはできません。

むしろ、逆ブランディングです。しかも、メディアに紹介されたことで「この人は自らのビジネスに注力しないハリボテなんだな」と多くの方にわかってしまいます。

定年退職後の退職金狙いや、新入生・新入社員を狙った詐欺については、様々なところで警鐘を鳴らされていますが、ぜひ「起業直後の取材商法」にもご注意ください。

まるで教祖と信者！「搾取ビジネス」の巣窟にガサ入れ

◉信者獲得のため「外」の権威に頼る輩たち

「儲けるという字は信者と書くから、儲けるために信者をつくりましょう」

時折り、こういうことを言う人がいます。

しかし、これは信者を増やすことで得する輩が、自分を正当化するためにつくった嘘でしょう。

「儲」の語源は「人偏《にんべん》」に「諸《たくわえる》」が正解です。つまり、人に蓄えることで「儲ける」のです。人に蓄えるとは、すなわち「その人自身に蓄える＝地（アナライズ）」の生き方か「人を蓄える＝人（アンサンブル）」の生き方が本流ということです。

自分にとって都合のよい信者を増やすなんて発想は、搾取前提の考え方と言えます。

人は集めるのではなく、集まるのです。

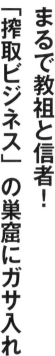

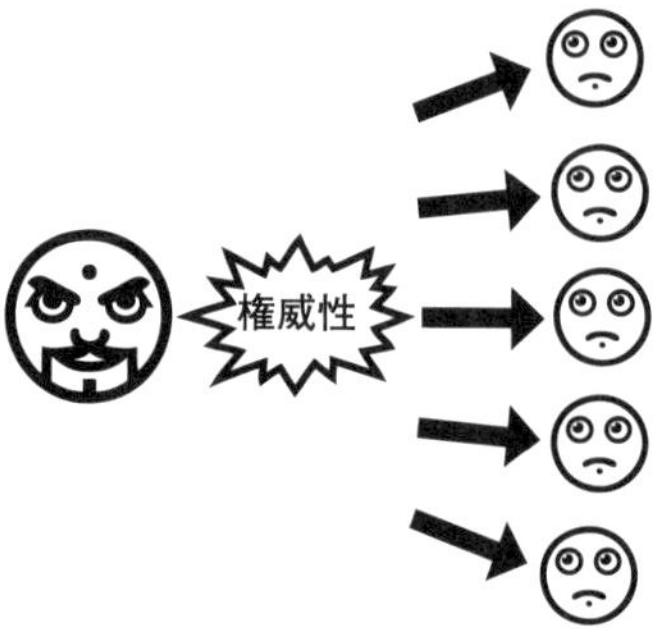

信者を集める構造

人が集まる構造

なぜ集まるのかと言えば、その人に魅力があるからにほかなりません。

輝けない人が、信者を増やすために人を集めようとするとき、利用するのは「権威性」です。その人自身では集まらないから、権威性を利用するしかないのです。

時流に乗った用語や肩書を用いるのはもちろん「○○が推薦！」「○○賞受賞」「○○ナンバー1」「フォロワー数○○人」「年商○○円」など、すべてその人の「外」にある判断基準です。

本当に自信があれば、あるいは本当によいものなら、そんなものを借りなくても輝いているから人は集まります。

搾取ビジネスのハリボテに惑わされないようにするためには、その商品やサービス、人や会社が「権威性を利用しているか」を観察してみてください。

その人の外にある判断基準ばかり使っているケースには気をつけましょう。

◉シロアリの「巣（コロニー）」から外に出よ

アリは基本的に「巣（コロニー）」の中で「集団」で生活していますが、アリのふりをした害虫シロアリも「巣（コロニー）」の中で「集団」で生活します。

シロアリは、見た目も名前もアリに似ていますが、じつはアリとは無縁のゴキブリ目です。それなのに、女王アリや働きアリ、兵隊アリのような階級制まで備えています。

さらにシロアリには、通常のアリには見られない「ニンフ」と呼ばれる女王アリの補佐役が存在し、女王アリを世話したり、女王アリに取って代わることもあります。


面白いもので、搾取ビジネスも女王アリと「ニンフ」を中心とした集団で活動します。

なぜかと言えば、権威性を演出する必要があるからです。搾取ビジネスは権威性を利用することが多いので、女王アリを盛り立てるニンフがつきものなのです。

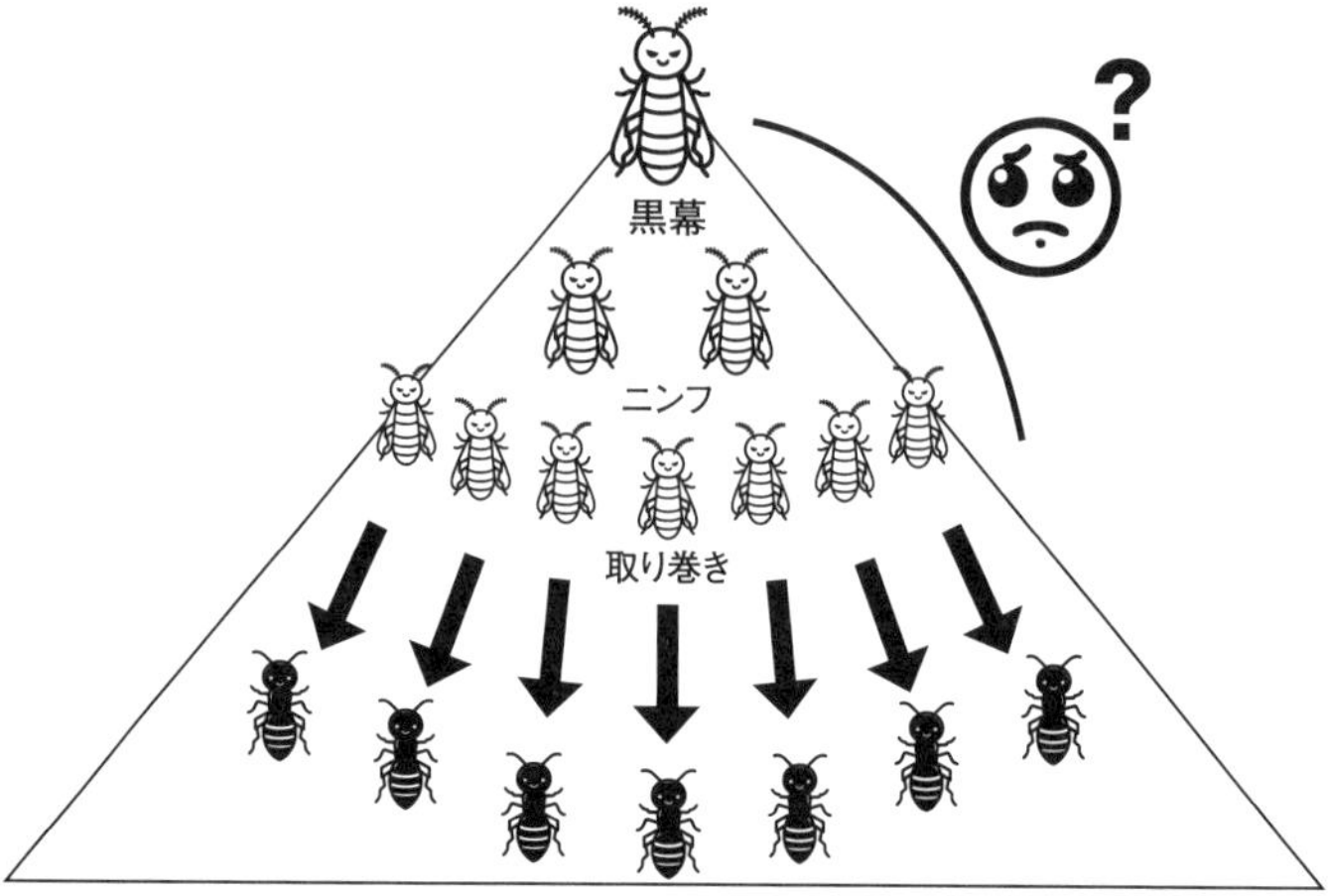

このため、知らず知らずのうちに搾取ビジネスの「巣（コロニー）」にのみ込まれてしまい、気づけば自分も惑わされてしまいます。

シロアリたちは、みなさんの資産を食いつぶそうと群がるので注意が必要です。

ただし「巣（コロニー）」やニンフたちを見定める方法は簡単です。

本質的には、アリやキリギリスとして輝けないシロアリが、カモフラージュしているにすぎませんから、そのカモフラージュの手段として彼らは群れたがります。

搾取ビジネスが、集団でおこなわれることが多いのはそのためです。

◉搾取ビジネスの儲け話はカルト宗教と同じ

一方で、彼らは「巣（コロニー）」の外まで大きな影響を与えることができません。

つまり、搾取ビジネスか否かを見定めるためには、一度その「巣（コロニー）」から距離を置いて、冷静に観察することが大切です。

もっと言えば「巣（コロニー）」や集団とは無縁の第三者たちに、彼らの話をしてみることです。その際に、違和感なく自分の話が受け入れられれば、アリやキリギリスの可能性が高いでしょう。

反対に、違和感だらけになるのであれば、おそらく搾取ビジネスをおこなうシロアリです。たいていの場合、彼らの権威性は「お山の大将」にすぎないからです。

カルト宗教の話をすれば、たいていの方が違和感を持つでしょう。家族や友だちであれば「それ大丈夫？」などと心配してくれます。搾取ビジネスも同じです。そういう「普通の声」を大事にしてください。

名刺一枚から相手を見抜く！肩書、行政、キャッシュポイント

◉「過多書」をありがたがるな　「肩書」は偽れる

僕自身、肩書が多いほうなので自戒《じかい》を込めて書きます。

「やたら肩書の多い人」というのも考えものです。

実在する誰かを例にするのは憚《はばか》れるので、試しに前作『できる社長の対人関係』における、僕自身のプロフィールに自分でツッコミを入れてみます。

・行政書士
・シドーコンサルティング株式会社代表取締役
・synclaw 株式会社代表取締役
・京都府行政書士会参与

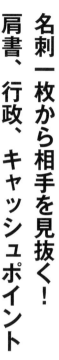

・ジャズギタリストと並行しながら複数の会社勤務を経る
・民泊地域支援アドバイザー

このプロフィール、じつはこれでもかなり普段のプロフィールから削りました。

本当はさらに「日本行政書士会連合会理事」「景観整備機構NPO法人 京都景観フォーラム理事」「NPO法人 京都カプスサポートセンター理事長」「一般社団法人 民泊観光協会監事」「経済産業省認定 経営革新等支援機関」など、たくさん肩書があります。

それを、編集担当さんの「こういうのを書けば書くほど、何をしている人かわからなくなっていきます」という助言を受けて削ったのですが、僕自身も完全に同意しました。

言い訳させてもらえば、僕の収入源は「法規制に関する経営者支援」や「新規事業の立ち上げ支援」なので、ここにあげた肩書はすべてそこから派生しているものです。

しかし、事情を知らない方が、こんな肩書を並べられても「で、何者なの?」としかなりません。実際、初対面の方に名乗るときは「行政書士」か「法規制コンサルタント」くらいしか名乗りませんが、首を傾げられることは皆無です。

自分を例に、肩書をたくさん並べることの弊害を説きましたが、もちろん僕自身が搾取ビジネスをおこなっているシロアリだと言いたいわけではありません。**肩書のメリット、デメリットを踏まえた上でお伝えしたいのは、確かな肩書の見抜き方です。**

断言しますが「肩書はいくらでも偽れる」のです（僕が自虐的に肩書をさらせるのは、嘘偽りのない肩書だからです）。

肩書は、ネット検索や関連団体のＷｅｂサイトなどから裏が取れます。つまり「裏を取れない肩書」を見たときは、少し踏みとどまったほうがよいでしょう。

◉何で食べているのか、わからない人は相手にしない

では、どんな肩書が裏を取れないのでしょうか？

よくあるのは「△△企業社長（事業名のみで会社名が一切ない）」「年商○億の●●」「●●で○億稼いだ人」「大手××勤務」など、何かよくわからない肩書です。

冷静に本書を読まれているときなら「そら胡散臭いでしょ」と思われるでしょう。

しかし、搾取ビジネスの説明を受けた後で、何かの商品やサービスの申し込みを検討しているときは、意外と見落としがちです。

いくら気分が上がって申し込もうと思っているときでも、こういう肩書であれば踏みとどまったほうが賢明です。

もちろん「何かよくわからない肩書」というのは、このほかにもたくさんあります。バリエーションが多すぎて紹介しきれないほどです。

たとえば「○○コンサルタント」「○○プロデューサー」「○○クリエイター」「○○インストラクター」「○○カウンセラー」「○○研究家」「○○専門家」「○○評論家」「○○認定講師」「○○実践家」「○○探究者」などがあります。

誤解のないように書きますと、これらに該当すると即アウトというわけではありません。僕自身「法規制コンサルタント」を名乗ることがありますし……。また、僕の周辺の親しい知り合いも該当する人が多いので、その方々を批判する意図もありません。

大事なのは次の5点です。

①しっかりと裏を取れるものか

②肩書に一貫性があるか

③コロコロ肩書が変わっていないか
④曖昧な仕事か
⑤収入源が不明確でないか

これらを踏まえて総合的に判断してください。

ちなみに、出版社の編集者は、あちこちから出版の企画書を持ち込まれますが、真っ先に目を通すのは著者プロフィールという方がいました。曰く「パッと見て何で食べているのか、わからない人は相手にしない」そうです。

本書の編集担当さんも、肩書が多いことに苦言を呈していたので、出版を目指している方は参考にしてみてもいいかもしれません。

◉行政サービスで取引先を「丸裸」にしよう

今は相手の肩書から、ネットで簡単に検索できる時代ですが、しっかりと会社名を書いているのであれば、さらに裏を取ることは容易です。

確実に詳細を知りたければ、お近くにある法務局に出向きましょう。

「商業・法人登記」という事務を管轄している窓口で「履歴事項全部証明書」という書類を取得できます。**「履歴事項全部証明書」を見れば、その会社に関するいろいろな情報がわかるはずです。**

どんな事業をしているのか、本店はどこか、いつできた会社なのか、資本金はいくらか、さらに役員の詳細までわかります。事業内容を眺めるだけでも、怪しい会社かどうかはわかります。

ほかにも、本店所在地がコロコロ変わっている会社も怪しいことが多いです。資本金が1円、というのも僕はあまり信用しません。ある程度、目利きができるようになれば、役員のメンバーや履歴を見るだけでも危険度がわかったりもするでしょう。

この「履歴事項全部証明書」は取るのに600円かかりますが、誰でもどこの会社のものでも取ることができます。また、法務局までいかなくても「登記・供託オンライン申請システム（https://www.touki-kyoutaku-online.moj.go.jp/）」というWebサイトからオンラインで請求することも可能です。

余談ですが、こういったサービスが国から提供されているにもかかわらず、情報弱者をターゲットにした民間の「履歴事項全部証明書」や「登記簿謄本」提供サービスがあったりします。

公的なサイトは、必ずURLの最後が「go.jp」となっていますので、絶対に間違えないようにしてください。

なお、会社の実在や所在地の確認程度でよければ、国税庁が運営している「法人番号公表サイト（https://www.houjin-bangou.nta.go.jp/）」で無料検索することも可能です。

◉「箱の有無」と「キャッシュポイント」は要確認

もし「会社名などの記載がないけど、提供されている商品やサービスが気になる」という場合はどうしたらいいでしょうか？

僕のような士業事務所であれば、事務所を開設し、公的な機関に届け出るのが義務となっています。それらを取り仕切る団体のWebサイトを探せば身元が判明します。

これは士業でなくとも、飲食店をはじめ、旅館業、風俗営業、不動産業、建設業、古物営業など、許可取得や登録などが必要な業種も同じです。

その業を取り仕切る団体か、行政機関などが名簿を公表しています。そこから個人名で探してみましょう。

本来的には、商品やサービスをネット上で提供しているなら、特定商取引法などの法律に基づいて、事業者名、代表者名、住所、連絡先などを明示しないといけません。

そういう意味では、屋号や会社名、所在地などを明示しない、いわゆる「箱がない」ビジネスは信用できないと思っていいでしょう。

例外はありますが、事務所や店舗がある（そこに行けば本人が逃げることができずに存在する）ことで、あまり無茶なビジネスはできないからです。

さらに「個人情報保護指針」や「利用規約」も、取捨選択の基準になるでしょう。これらもやはり、特定商取引法同様、通常であれば明示しているはずのものです。

もし、個人情報保護指針や利用規約が、支離滅裂な文章になっていたり、どこかのサイトの使い回しを思わせるような文章であったりしたら、危険度が高いということがわかるでしょう。

最後にもう一つだけ、重要なポイントをお伝えしましょう。

第1章で、取材や出版、情報商材やセミナーなどを例に、その相手の「利益が確定」するタイミングを見る重要性を説明しました。つまり、**相手方のビジネスモデルにおけるキャッシュポイントを探ることが、とても重要**なのです。

世の中のほとんどすべての堅実な（アリ型の）ビジネスは「顧客の課題を解決すること」で成り立っています。

「おいしいものを食べたい」を解決する飲食店、「髪の毛が伸びてきたけど自分で切れない」を解決する美容院、「自分では服を綺麗にできない」を解決するクリーニング店など、あらゆるビジネスがそうですから、枚挙に暇はありません。

他方でキリギリス型は、希少性ある能力をもとに「ありがたがられたり」「推される」ことで利益が出るビジネスです。

スポーツ選手、俳優、ミュージシャン、漫画家、伝統芸能などなど、こちらも枚挙に暇がありません。誰でも容易になれないからこそ「相手の課題解決」に直結せずとも、利益を得られるのです。

もし、いずれかの分野で、何らかの才能に突出しているのであれば、安心してその道を進んでいただきたいです。しかし、もしその自覚がないのであれば、まっとうにアリ型のような堅実なビジネスを目指すべきです。

堅実ビジネスと搾取ビジネスの違いは「キャッシュポイント」です。決して搾取ビジネスに惑わされてはいけません。

そのためにも、こちらの課題を解決することで利益が確定するか、こちらの課題解決前に利益が確定していないかのチェックは最重要です。

「箱もない」し「法規制に沿った記載もない」上に「相手側に有利なキャッシュポイント」の商材だけど、申し込んだら、幸せになるらしい、成功するらしい、儲かるらしい……というものではないか？

そんな状況になっているかのチェックが重要です。しっかり判断していきましょう。

「オイシイ話」には裏がある……冷静に調べて自主的に判断せよ

◉搾取ビジネスには「論理の飛躍」と「矛盾」が潜む

前項の話で、異議を唱えたくなった人もいるかもしれません。

「いやいや、魔法じゃないんだから『なりたい自分』になるための商材を手に入れた瞬間、それが叶うわけないでしょ。いったん提供側の利益は確定するかもしれないけど、自分の課題は時間差で解決するはずだ」

たしかに、おっしゃる通りです。何らかの知識やノウハウの提供であったり、講座の受講であったりと、いわゆる「即効性の低い」商材の場合は、堅実なビジネスと搾取ビジネスの違いはわかりにくいでしょう。

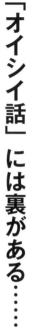

そこで、ここではその見極め方をお伝えしておきます。それは「再現性」です。
往々にして、搾取前提のビジネスにありがちなのが「論理の飛躍」と「矛盾」です。

・この数珠をつければ金運が上がる
・この水を飲めばガンが治る
・ＡＩの知識をつければ儲かる
・今ＮＦＴを買っておけば必ず価値が上がる
・このセミナーを受講すれば年収〇〇〇〇万円
・本を出版すればブランディングされて仕事が増える

ネット広告やセミナーなどで頻繁に目にする言い回しですが、これらには「矛盾」や「論理の飛躍」があります。

つけるだけで金運が上がって成功する数珠があるのなら、その人が買い占めて大儲けすればいいのです。幸せを他者にも分け与えたいのであれば、その人が儲け続けてお金をバラまけば解決します。

ガンが治る水があるなら、年間40万人近くも亡くなっている病院になぜ売りにいかないのでしょうか。最も効果を測定できるのは、日に日に亡くなる方を救うことのはずです。速攻で効果が証明できれば、世界を相手にその事業は大儲けできます。同時に、シロアリさんの好きな権威性も得られるでしょう。

最近は「AIの知識をつければ儲かる」と言っている人もよく見ます。しかし、彼らをしっかり調べると、たいてい数年前はAIなんて無縁の世界で生きています。

AIの研究は1950年から続いており、ビジネスへの積極的な利活用に絞っても、2010年以降にディープラーニングが台頭し、このころから果敢な経営への導入がなされています。そういう人たちは、生成AIの登場により、AIの概念が急速に一般化（民主化）したので、自らの権威性に利用しているだけです。

「儲かる＝希少性で価値が上がる」というロジックから考えれば、今になってそんなことを言うのはおかしいのです。**最も価値が高いとされた2013年前後にビジネスに取り入れずに、一般化した近年に「AIで儲かる」と謳うのは矛盾しています。**

今NFTを買えば価値が上がる、というのも同じです。最も需要が少ないときに手に入れて、需要が増えたときに売れば儲かるという市場原理に反しています。

セミナーで「儲ける」「稼げる」を標榜しているものもそうですが、それが本当なら、そんなお宝情報を吹聴《ふいちょう》するのは矛盾しています。**幸せを他者にも分け与えたいというのであれば、やはりその人が儲け続けて、お金をバラまけばいいだけです。**

本を出版したらブランディングされて仕事が増えるというのは、たしかにその通りということもあるでしょう。**しかし「出版→ブランディング→仕事が増える」という三段論法に、じつは論理の飛躍があります。**

出版し、認知度が広がることで仕事によい影響を与えるものもあれば、そんなことをしないほうがブランディングになる場合もありますし、仕事が増えるとも限りません。

◉輩の言い分は「可視化」しておこう

これらのケースに限らず、極端な論理の飛躍がある場合というのは、えてしてそのことにより利益が確定する「搾取前提の都合」でできています。

搾取ビジネスをする輩は、こうした矛盾や論理の飛躍を巧みに隠します。彼らの話は可視化できるようにメモを取りながら聞いて、あとから見たとき、あるいは第三者に相談したときに、そういった点に気づきやすいようにしておくなどの対策も大切です。

◉話を「一般化」できない輩は切ってよし

搾取ビジネスを見極める基準は「それは一般化できるものなのか」という視点で考えることです。言い換えれば「再現性があるか」という点で考えるのです。

たとえば「招き猫を置いているラーメン店は繁盛する」という主張があり、この主張をしているのが、全国でも10本の指に入るカリスマラーメン店と仮定します。

自分が新規参入のラーメン店だとして、みなさんはどう思われますか?

繁盛するラーメン店になるため（再現するため）に、招き猫を店に置くでしょうか?

通常、この効果を調べる場合はこうなります。

まず「招き猫を置いたあと、繁盛したラーメン店（Ⅰ）が何軒」で「招き猫を置いたけど、繁盛しなかったラーメン店（Ⅱ）が何軒」か、両者の数を調べます。

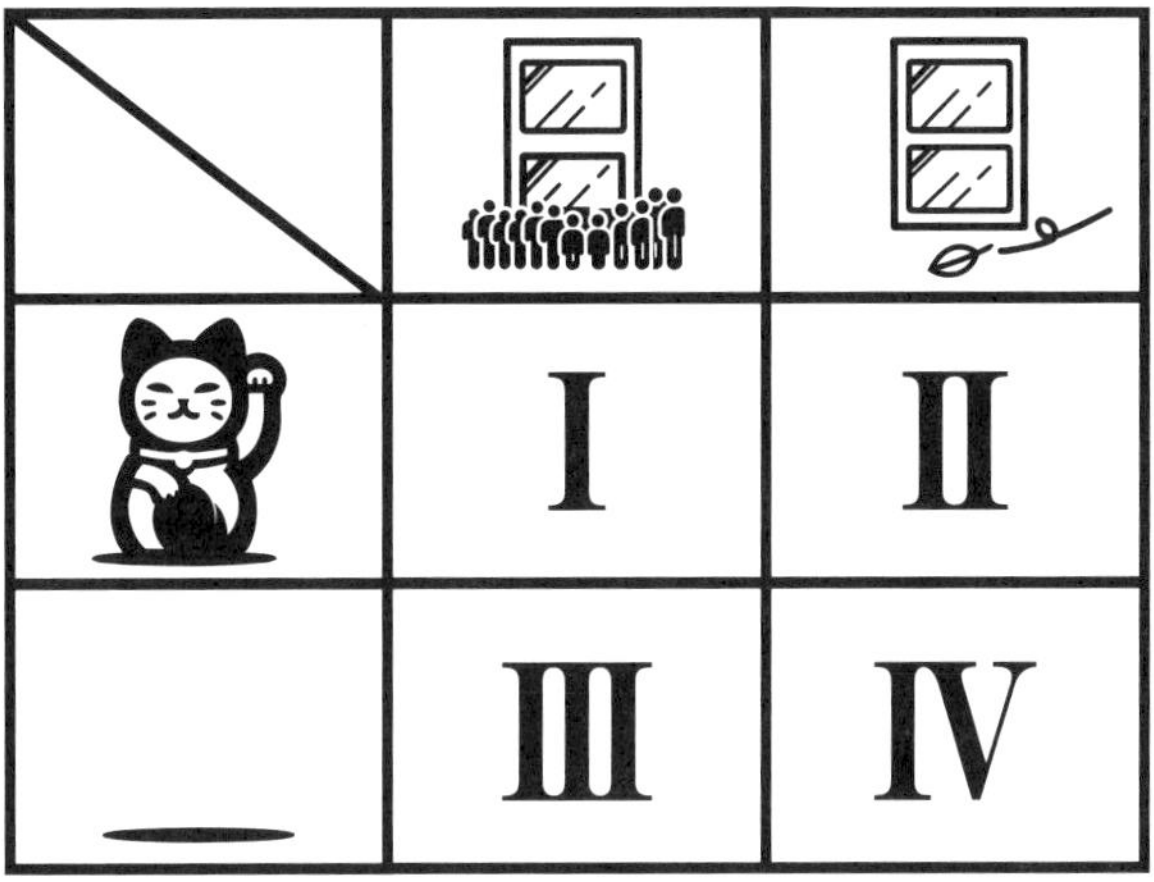

その結果、仮に「招き猫を置いたけど、繁盛しなかったラーメン店（Ⅱ）」より「招き猫を置いたあと、繁盛したラーメン店（Ⅰ）」のほうが3倍も多かったとしましょう。

しかし、これだけで「招き猫には効果がある（再現性がある）」とは断言できません。

次に「招き猫を置かなかったけど繁盛したラーメン店（Ⅲ）」と「招き猫を置かず、繁盛もしなかったラーメン店（Ⅳ）」の数も調べてみます。

この2種類も統計を取ると、言わずもがなですが、招き猫を置かなくても繁盛しているラーメン店なんて、たくさん出てくるわけです。

もっと言えば、招き猫を置く、置かないなんて気にしてない層（Ⅰ、Ⅱ、Ⅲ、Ⅳ以外のすべてのラーメン店）の統計（分母）も含めないと、まったく意味がありません。

ここまで来ると明らかですが、招き猫を信じて置こうが（Ⅰ、Ⅱ）、信じずに置かなかろうが（Ⅲ、Ⅳ）、そもそもそんな話を知っていようがいまいが（その他）、繁盛とは何の関係もないことがわかります。


再現性は、結果の成否とは関わりがないところにあるのです。


それでも、搾取ビジネスの輩は強調します。

「これを導入したから成功した、儲かった」と……。

すでに述べたように「再現性」とは、一般化できるか否かです。一般化とは「ありとあらゆる事象との整合性が取れる」ことです。限られた結果だけを取り上げて効果を説明するなんて、なんとでもなります。

大事なのは、既存の膨大なビジネスの構造や体系と組み合わせた際に、整合性がつくか否かです。**ですから、搾取ビジネスに対しての撃退方法は簡単です。みなさんの抱える個別具体的な事実に対して、整合性のある答えを示せるのか、質問してみることです。**

たいていの搾取ビジネスは、限られた特異な例を取り上げて強調しています。

希少な例や聞きかじりの例のうち、都合のよいものを選りすぐって、あおっているだけです。したがって、理路整然とした整合性をもって回答することはできません。

◉スピリチュアルな話は「お守り代わり」

「招き猫」の例で気づかれた方もいるかもしれませんが、世間でよく聞く「スピリチュアル」系の主張は、真実な部分と虚偽の部分に分かれます。

真実な部分を切り取れば、モチベーションアップや、行動の動機づけとして有意義であるということです。

心理学で「カラーバス効果」というものがあります。カラーは「色」、バスは「浴びる」の意味ですが、**ようは意識すればするほど、関係する情報や現象が自分のまわりに舞い込んでくるということ**です。

ここでは、オカルト的な意味合いではなく、より単純な話です。

たとえば、次の文章を10回繰り返して読み込んでください。

【ピンクとマゼンタは違う。ピンクは赤色と白色を混ぜた柔らかい色調の赤。一方でマゼンタは鮮やかな赤紫色。一般的に濃いピンクと呼ばれるのはピンクではなくマゼンタ】

さて、少し本から視線を外して、自分の周辺を見渡してください。きっと、ピンクやマゼンタのものが気になったはずです。これが心理学でいうカラーバス効果です。

人間は求める、求めないにかかわらず「ある物事」を意識し始めると、違う場面であっても、その物事に関わることに意識が集まるようにできています。

新車に買い替えたいと思い始めたら、普段は意識もしなかったあらゆる車の車種が気になるでしょう。お目当ての車種があれば、その車種がやたらその辺を走っているようにも思えてきます。

ある日、突然世界が変わったのではなく、変わったのは自分の意識のほうなのです。

スピリチュアルな話も、特定の事柄に集中したり、情報を積極的に集めるようになったりと、モチベーションアップや行動の動機づけには有意義かもしれません。

招き猫の事例で言えば、招き猫を置くことで「仕事をがんばろう」や「これでうまくいったらいいいな」と、モチベーションアップや動機づけにするのはよいことです。

ですが「○○すれば●●になる」という、短絡的な誘惑に惑わされたり、自分軸がグラついたりしては本末転倒です。

招き猫を置いて結果が伴わないと「招き猫パワーが足りないんだ。あと3個買い足して、すべての部屋に置こう」となってはいけません。これは「判断基準が自分の外に移っている」状態であり、スピリチュアルな効果が害となっている状態です。

ハッキリ言って、自己啓発にせよ、成功哲学にせよ、スピリチュアルにせよ、それが原因で結果が大きく左右されることはありません。

もちろん「まったくない」と言うのは乱暴だとは思いますが、役立つ要素はあるものの、それは必要条件ではないのです。

◉こうして「巣（コロニー）」に囚われていく……

自己啓発、成功哲学、スピリチュアル。そういった「自分の外」のものに判断基準を置き続けた人はどうなってしまうのか、搾取ビジネス側の視点から考えてみましょう。

たとえば、僕が「名刺交換をしたその日に、御礼のメールを送る人は成功する」という成功法則を提唱したとします。

仮に、それを信じた人が100人いて、全員がそれを実直に実践したとします。そのうち2人が年収5000万円になり、8人が年収1000万円になりました。80人は少し年収が上がったものの大きな効果は出ておらず、10人は年収が下がったとします。

もし、僕が搾取ビジネス前提で「名刺交換即御礼コーチング」をもっと広げたいと考えていれば、このうち年収5000万円を達成した2人に高い報酬を払って、リーダー(シロアリのニンフ)にするでしょう。

さらに、年収1000万円の8人に成功体験を書いてもらって買い取り、広告宣伝に活用します。80人には、効果が見え始めているからと説明し「もっと効果的な御礼メールの書き方講座を割引価格で招待します」と誘導します。

最後に、年収が下がった10人には「教えをきちんと実行できていないからダメなんだ」と、無料や優待価格で再受講を招待するか「うちの哲学とは相性が悪いみたい」と返金でもして抜けてもらいます。

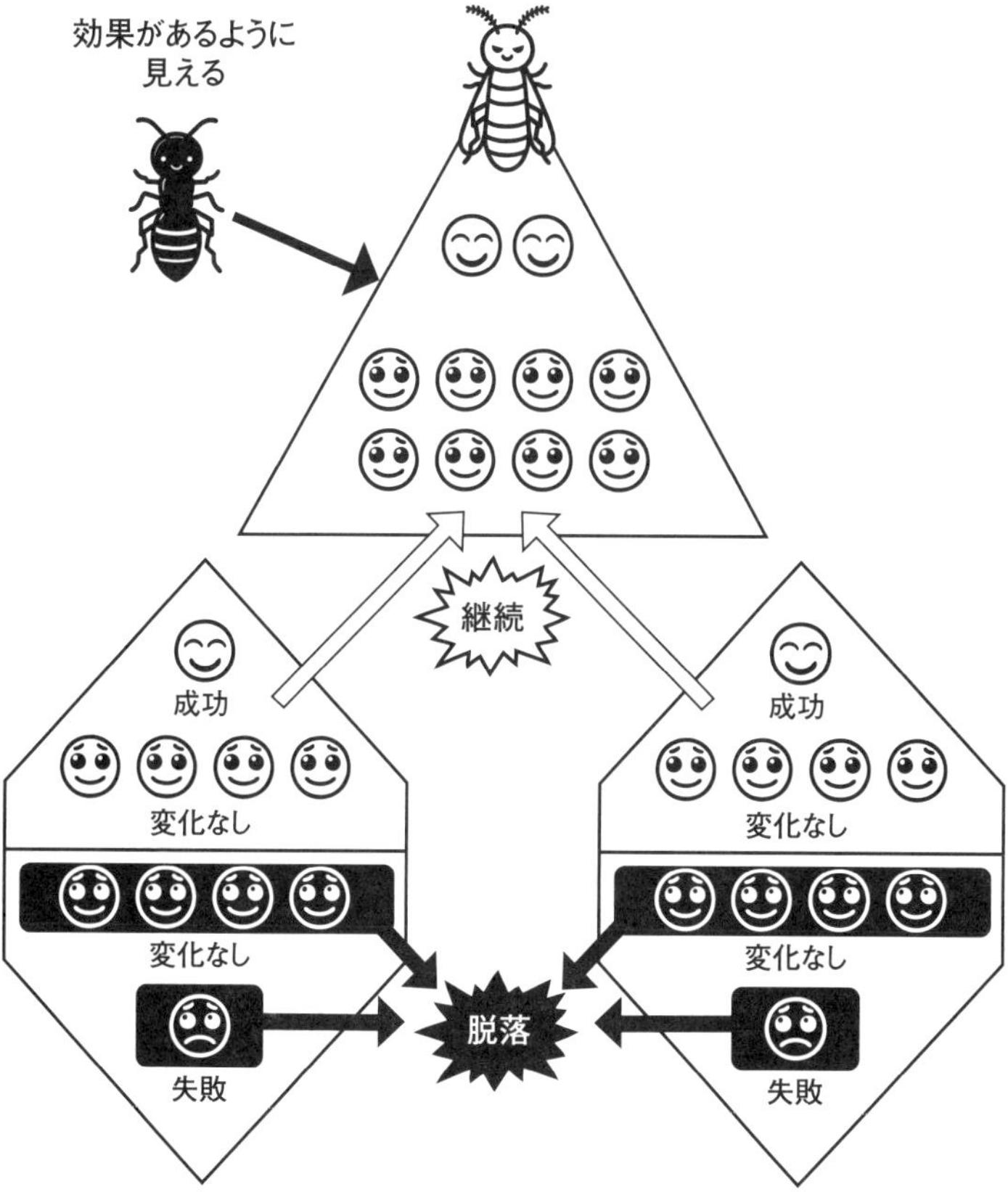
効果があるように
見える
継続
成功
変化なし
変化なし
失敗
成功
変化なし
変化なし
失敗
脱落

こうして、成果の出る人たちの純度を上げて「シロアリの巣（コロニー）」ができ上がっていくわけです。

受講者に「名刺交換即御礼コーチング」の成果が現れようが、現れなかろうが、運営者には「多額の利益確定」が出ていることがわかります。

外から見たら異様な組織かもしれませんが、巣（コロニー）の中にいる人たちからすれば関係ないでしょう。そもそも、自分たちが異様だと気づかないと思います。

なかには脱落する人もいますが、僕は利益が確定しているので損をしません。

むしろ、僕が有名になればなるほど、この巣（コロニー）が発展すればするほど、僕たちは周囲からうらやましがられ、楽し気なコミュニティに見えるでしょう。

それは蜜となって、被害者候補を次々と誘い込みます。

さあ、あなたも「名刺交換即御礼コーチング」を受けてみませんか……？

もちろん、僕は実際にそんなビジネスをすることはしません。ですが現実には、こんなことをするシロアリたちが無数にいるのです。

このとき、せいぜい「名刺交換をしたその日に御礼のメールを送る」を真似する程度なら問題ありませんし、それ自体はいいことでしょう。仮に成果が出なくても、御礼のメールを送る行為自体はいいことのはずです。

しかし、ここで成果が出なかったとき、判断基準が外にあると、新たな「(どこその他人の)成功哲学」「(つくられた)カリスマ」「発展しているコミュニティ(搾取ビジネスの巣窟)」に目を奪われて、**気がつけばシロアリの巣(コロニー)に入ってしまう**のです。

こうした搾取ビジネスの被害者にならないためにも、この章で紹介したポイントを必ずチェックし、実践してください。

第２章のまとめ

①レアメタルではなくダイヤモンドになろう

②ダイヤモンドはつけ足すのではなく、削ることで輝く。権威性も人脈も、本物は自分の内面を削ることでもたらされる

③搾取ビジネスをする輩は、シロアリの「巣（コロニー）」のごとく序列的集団でいることが多い

④知らぬ間に「巣（コロニー）」にのまれないように、距離を置き、第三者の意見を求めよう

⑤相手の過多書・肩書をありがたがらない。行政サービスも利用して冷静に判断する

⑥「箱の有無」と「キャッシュポイント」は要確認

⑦搾取ビジネスの話には「論理の飛躍」「矛盾」が潜み「一般化」ができない

⑧自己啓発も成功哲学も、スピリチュアルも必要条件ではない。搾取ビジネスに囚われないためにも、あくまで「お守り程度」に考えておく

第3章

決断は遅くていい。必ず裏取りをして相手の背後をつけ

エビデンスの罠！
民泊騒動に見る「あおりの構造」を紐解く

◉たしかに「嘘」はついていないが……

前章までは「搾取ビジネスに惑わされる要因」と「搾取ビジネスの見分け方」について説明してきました。

ここからは、搾取ビジネスにハマってしまう理由を明かしていきましょう。この理由を解明できれば、最初からハマりませんし、もしハマりかけても途中で抜け出すことができます。

第1章で、持ち家や別荘を他者に貸し出して収益を上げる「民泊ビジネス」について取り上げました。民泊ビジネスをあおっている側にとっては、報酬やセミナー料を貰えば「利益が確定」して終わりでした。

つまり、あおりを信じて物件を買った人が、儲かろうが損しようが関係ありません。

ここで考えたいのは**「なぜ、その人は民泊ビジネスに期待し、大金を投資してしまったのか？」**ということです。

新型コロナウイルス感染拡大前後で少し事情が異なりますが、当時よく用いられたあおり文句を列挙します。

・訪日外国人数が50％近く増加しており、今後も右肩上がり
・宿泊施設が足りず、宿泊ビジネスに機会損失が生じている
・全国に空き家が８２０万戸もあり、活用が叫ばれている
・賃貸は１か月10万円前後の収入だが、民泊は１日２～３万円以上で収益率が高い
・早くよい立地の物件を購入しないと、有利な物件はどんどん売れていく

このように、エビデンスにもとづいた希望ある未来を示されると、大金を投資したくなります。

現場をよく知る者からすると、こんなあおり文句はツッコミどころ満載です。しかし、当時はこの手のセミナーや勉強会、チラシ、DM、Webサイトが、実際にあふれかえっていました。あおり文句を真に受けて物件を購入し、民泊を始める人もたくさんいました。

誤解のないように書きますと、この箇条書きの内容はすべて「事実」です。決して嘘ではありません。しかし**「事実」を並べたからといって、必ずしも最適解を導けるわけではない**のです。

セミナーにせよ、チラシやWebサイトにせよ「売ったタイミングで利益が確定する」ビジネス。そんなものは売りたい商材に有利な事実だけを選び、真実を歪めてセールスします。

◉「チェリーピッキング」に惑わされてしまう現実

こういう「都合のいい事実」だけを並べて、自らの論拠の正当性を主張する方法を「チェリーピッキング」と言います。これは数多くのチェリーの中から、食べたいものだけを取る（ピッキングする）イメージから名づけられた用語です。

たとえば「酒飲みは甘いものが嫌いだ。酒好きのAさんも、Bさんも、Cさんも、Dさんも、Eさんもみんな甘いものが嫌い。だから、あなたの知り合いの酒好きFさんも、甘いものは嫌いだ」と言われたとします。

しかし、A～Eさんはチェリーピッキングだとどうでしょう？

Fさんが必ずしも甘いものが嫌いとは言えません。

こんな簡単な例と異なり、ビジネスの現場では事情はさらに複雑です。

主張したい事柄に対して、存在する「事実」というのは山ほどあります。

仮に、民泊ビジネスに関する「確かな事実」が100個あったとしましょう。**人を陥れようと、都合のいい事実を5つだけ取り上げて組み合わせることも可能です。**

すると（一応は）「確かな事実」にもとづくセールスができてしまいます。

しかし、実際には、100分の5にすぎない事実です。京都市内であおられて、民泊ビジネスに参入した事業者は、たくさん撤退や破産しています。

民泊ビジネスを例に出すと、よく「いや、それは誰も予想できなかった新型コロナウイルス感染拡大のせいでしょ」と言う人がいます。

しかし、それも数多くある事実のうちの一つにすぎません。

実際、業界では随分と早くから、京都市内での民泊ビジネスが過剰供給により破綻《はたん》すると言われていました。あおっている内容一つ一つに論理矛盾があるからです。

◉穴だらけの理論だった「あおり文句」

訪日外国人が、前年度比50％増加して右肩上がりだったのは事実です。ですが、数年先まで（投資金額を回収し終えるまで）増加し続ける保証はありません。

まず、訪日のための航空・空港の許容量が考慮されていませんし、各地の観光地の許容量も考慮されていません。そもそも、当時の宿泊施設統計には、夜行バスやネットカフェ、キャンプなどの人数が宿泊施設としてカウントされていないのです。

さらに、大きなホテルなどは、有事に備えて宿泊許容量を１００％で設定していません。また、当時から大型ホテルの建設が（当時の東京五輪に向け）建設中でした。

なにより、すでにあふれかえった観光客対策として、京都市内では宿泊施設（民泊）に対する法規制強化が決定していました。つまり、あおり文句である収益率の根拠（売上－費用）は、絵にかいた餅だったのです。

また、民泊に参入する者が増えるほど、需要に対して供給過多になります。すると参入者（宿泊させようとするホスト）は、一泊あたりの宿泊料を大幅に下げざるをえません（価格競争）。実際、2016年時点で一泊2万～3万円だった京都市内の宿泊料金は、2019年には1万円程度まで下がりました。

そもそも民泊ビジネスは、文化の異なる外国人を「宿泊施設ではない普通の住居」に宿泊させるビジネスです。想像以上に高度な「おもてなし」が必要なのです。

民泊ブームの火付け役となった「Airbnb（エアビーアンドビー）」は「誠実な人間関係」や「多様な絆」を大切にしています。

つまり民泊は、宿泊客とホストのつながりを大切にするという、かなり上質な宿泊ビジネスが前提なのです。安易な気持ちで取り組む投機対象ではありません。

民泊の基礎となる「空き家の多さ」についても同様です。

単に人が住まなくなった家があるから、それを「お手軽に収益施設に転用して終わり」という話ではありません。

空き家の周辺には、長いあいだ生活をしている住民がいて、空き家の「マイナス」「プラス」いずれの部分も踏まえて向き合っています。生半可な知識と気持ちで参入できる領域ではないのです。不動産業や工務店、建築士、宿泊管理業者、弁護士、行政書士など、様々なプロでさえ手を焼くのが、民泊ビジネスという分野の実態です。

◉民泊がダメならグランピング！　それでいいのか？

民泊ビジネスがコロナ禍で急速に下火になったころに、今度はグランピングビジネスが流行《はや》りました。経緯としてはこういう流れです。

まず、コロナ禍で人混みを避けた外出をする人が増え、リモートワーク（テレワーク）を自宅でするこことで、どこでも仕事ができるようになりました。

やがて「ワーケーション」と称して、リゾート地などでリモートワークをする人も出てきます。さらに、アニメ「ゆるキャン△」などをきっかけに火がつき始めていたキャンプブームもあり、グランピングに注目が集まりました。

状況の変化による新たなブームの発生自体はよいのですが、問題はこのような流れに搾取を目的とした輩が集まることです。

第2章でお伝えしたように「状況の変化」があるとオイシイ話に惑わされやすいです。状況の変化時に「お金の不安」が伴うと、なお危険です。

当時も、見事に「民泊ビジネスで負債を抱えた人たち」が、グランピングビジネスで二次被害にあっています。コロナ禍に出た事業再構築補助金という制度などを利用させて、グランピングビジネスをあおるビジネスが大量に出現したのです。

民泊にしろ、グランピングにしろ、本当にそのビジネスが儲かるなら、その人がこっそり手広くこなせばいいだけです。わざわざ他者をあおる必要はありませんよね？

いちいちあおってくる時点で、そのビジネスは怪しいと疑っていいでしょう。

そもそも、ブームだったのは「ゆるキャン△（△はテントです）」や「ワーケーション」ですが、グランピングは、わりと大がかりなドームでアウトドアを楽しむものです。

つまり「ゆるキャン△層」や「ワーケーション層」とは、規模感が合わないのです。本来のターゲットは、家族連れやコロナ禍で旅行に行けないグループなどになります。

極めつけは、グランピングには法規制的な課題もありました。

テントを使うサービスは、あくまで利用者が機材を持参するか、機材をレンタルすることになるので、旅館業の許可が不要です。

しかし、グランピングは、これらの持参やレンタルは不可能です。設備として、ドームを設置する必要があります。

建築基準法という建物の規制法では、ドームを置くだけでは「建物」として扱われず、旅館業の許可は取れません。許可を取るには、地面に基礎工事をして固着させる大がかりな工事が必要となります。

商材を売った時点、あるいは報酬を得た時点で利益が確定する輩が、そんな後のことまでフォローを考えているわけがありません。

結果、どうなったかというと、違法状態でグランピングを開始した人たちが増加しました。当然、あちこちで行政機関による強制撤去が相次ぎました。

残念なことにコロナ禍は、こんな二次被害にあう人がとても多かったのです。

決断を急がず「相手のバックボーン」をしっかり調べよう

◉なぜ二次被害、三次被害にあってしまうのか？

どうして、いとも簡単に二次被害、三次被害にあってしまうのでしょうか？

念のために書きますが、わざわざ二次被害にあう特殊な例を取り上げたわけではありません。搾取被害にあうと、一度ならず、たいてい二度、三度と同じ被害にあってしまうのです。


たとえば、第1章で取り上げた典型的な搾取ビジネス「パチンコ必勝法」。

これは、ある雑誌に掲載されている「必ず儲かる」と謳ったパチンコの必勝法や、スロット攻略の機械なりを売りつけるものです。

もちろん、これを購入したからといって勝てるはずもありません。

被害にあった人に対して、今度は「購入代金を取り戻させる」という自称・専門家が現れます（正しくは、被害者がそこに行きつくように、情報操作で誘導されるのですが）。ワラをもすがる思いで、被害者は専門家に依頼し、着手金と成功報酬を支払います。ですが、取り戻せるのは全額ではなく、一部だけです。一方で「全額被害で終わらずよかった」と、被害者はこれで一応は収まります。

しかし、このパチンコ必勝法の業者と専門家は、リストを共有している提携関係です。このように被害者は、二重にお金をむしり取られてしまうのです……。

例をあげだしたらキリがありませんが、ブレスレット、水素水、セミナー商法、ネット広告（情報商材）など、どんなケースでも同じです。仲間内で「ターゲットを囲い込む（紹介し合う）」ことが常套手段となっています。

◉「自分たちの都合が悪いから」決断を急がせる

二次被害、三次被害にあうのはもちろん、そもそも最初に搾取ビジネスの被害にあうのも、明確な理由がいくつかあります。

なかでも、**最重要なものとしてお伝えしたいのは「決断は急がない」こと**です。

福本信行さんの名作『賭博黙示録カイジ』というマンガに、次のような名言が出てくる場面があります（講談社／第7巻）。

「世間はおまえらの母親ではない！　おまえらクズの決心をいつまでも待ってはくれない！　一生迷ってろ！　そして失い続けるんだ……貴重な機会（チャンス）を！」

意外にも、このセリフが刺さるという人がかなりいます。

しかし、ご存じの方も多いと思いますが、このセリフを言っているのは典型的な「搾取型」の利根川幸雄というキャラクターです。このセリフに感化されて行動した若者たちは（主人公のカイジ以外）全員死んでしまいます。

僕は『賭博黙示録カイジ』という作品自体は大好きですが、しかし言い切ってしまうと「決断は遅くていい」のです。**決断を急かして「貴重な機会（チャンス）」に飛びつかせようとする輩には、必ず急かさないといけない理由があります。**

まず、じっくり考えられてしまうと、自分たちの「論理的な飛躍」や「矛盾」に気づかれてしまいます。

さらに恐れるのは「調べられること」です。

ですから「違和感を覚えた場合」は、必ず徹底的に裏を取るべきです。

肩書などについては第2章でお伝えしましたが、さらに一歩進めて、肩書だけではなく、相手のこれまでの活動、実績、経緯など、じっくり調べることです。

場合によっては「ターゲットを囲い込む」仲間関係が見つかることもあります。

さらに、商品、サービスに関する実績がハリボテだったり、過去はまったく脈絡もないビジネスをしていたりする人も、往々にして見つかったりします。

インターネット黎明時代に、何の実績もない輩がSEOコンサルタントを名乗っていた例もすでにお伝えしました。

ほかにも、不動産業者が民泊コンサルタントを、普通の営業マンが営業カウンセラーを、単なる保険屋さんが相続カウンセラーを乗ったりすることもあるでしょう。

こういった実情を、しっかり「裏取り」する必要があります。

もちろん、多様性の時代、一人の人間が複数の顔を持つ可能性はあります。

それ自体をことさら否定する意図はありませんが、まず大事なのは、その人の「バックボーン（背景）」をしっかりと押さえた上で、違和感がないかです。

次に、金額が相場から見て妥当か、最後に「キャッシュポイント（利益確定）」に都合がいいから「ニワカ専門家」を称していないか、この3点は必ず確認しましょう。

◉まっとうな「プロデューサー」は簡単にわかる

また、一貫性のある研鑽の跡が見られるかも大事です。ようは「軸がブレていないか」をチェックしてください。

本書では「コンサルタント」「カウンセラー」「プロデューサー」などをネガティブに表現してしまっていますが、もちろん大多数の人はまっとうにお仕事をされています。

たとえば、僕の信頼しているある人も「プロデューサー」の肩書です。

その人は近年、生成ＡＩに関する講演や書籍の発売をし、一方で出版したい人を応援する大規模なイベントも運営しています。

ここまで本書を読んだ方だと、警戒対象と誤解する方もいるでしょう。

ですが、その人はバックボーンとして、きちんとした企業で組織体制構築の実績をお持ちです。現在も多くの企業で、研修事業を実施している人材プロデューサーです。

また、生成ＡＩの知識を売ること自体が、キャッシュポイント（利益確定）になっていません。生成ＡＩを人の能力育成に、どのように活かすかを説いているわけです。

会社もしっかり公表していて、企業理念が「人の最大限の可能性に貢献する」となっています。これは一貫した実績であり、一貫した理念があります。出版を応援するイベントも同様で企業理念に沿った活動です。

搾取を目的にしたビジネスには、こういった一貫性がありません。「軸がブレまくっている」ケースばかりです。**「餅は餅屋」ということわざがありますが、警戒すべきビジネスの場合は「昨日は漁師だが今日は餅屋」なのです。**

とにかく、搾取をしようとする輩は、決断を延ばされて冷静に調べられるのを恐れます。次項は、搾取ビジネスの輩が「調べられたら困る！」というもう一つのチェックポイント、相場について詳しく解説していきます。

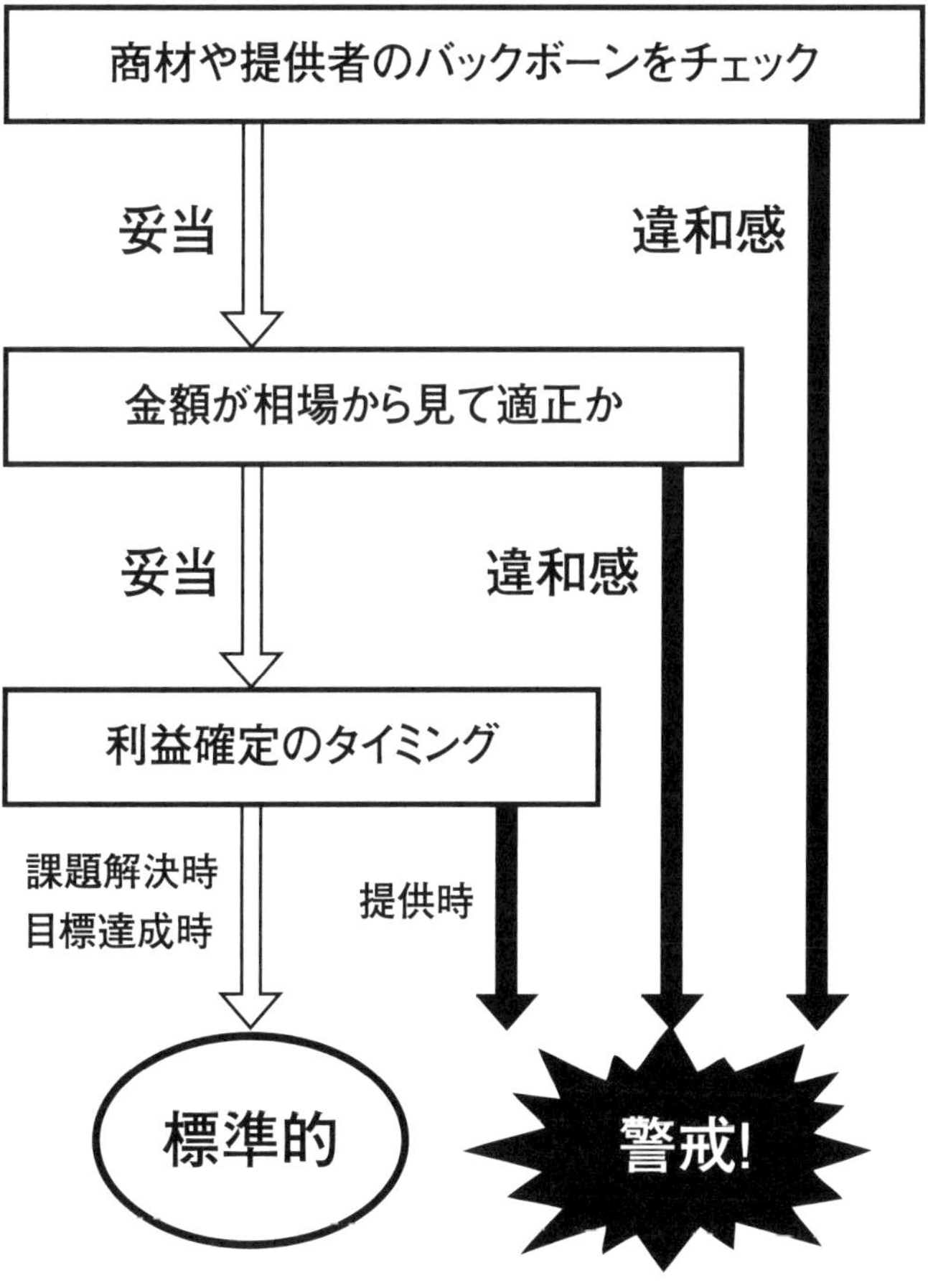
商材や提供者のバックボーンをチェック
妥当
違和感
金額が相場から見て適正か
妥当
違和感
利益確定のタイミング
課題解決時
目標達成時
提供時
標準的
警戒!

「相場」を知らないとハメられて、それなのに気づかない

◉相場を知らずして決断してはいけない

搾取ビジネスほど、高価をちらつかせて「価値があるように思わせる」テクニックを駆使することが多いです。堅実なビジネスのほうが安いケースは多々あります。

搾取ビジネスにハマってしまう人は、思っている以上に「相場」などを調べたり、考えたりしません。そこで、ここではあらためて基本から説明します。

金額の高い・安いという指標は「買いたい人の量（需要）」と「売りたい人の量（供給）」のバランスで決まります。

たとえば、ある人が狩ってきた肉を売ろうとします。

売りたい肉の数より、買いたいという人が多ければ「自分は多くお金を払うから肉を売って」となり、全体の金額は上がります（これを「相場が上がる」という）。

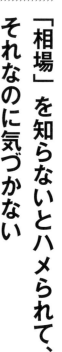

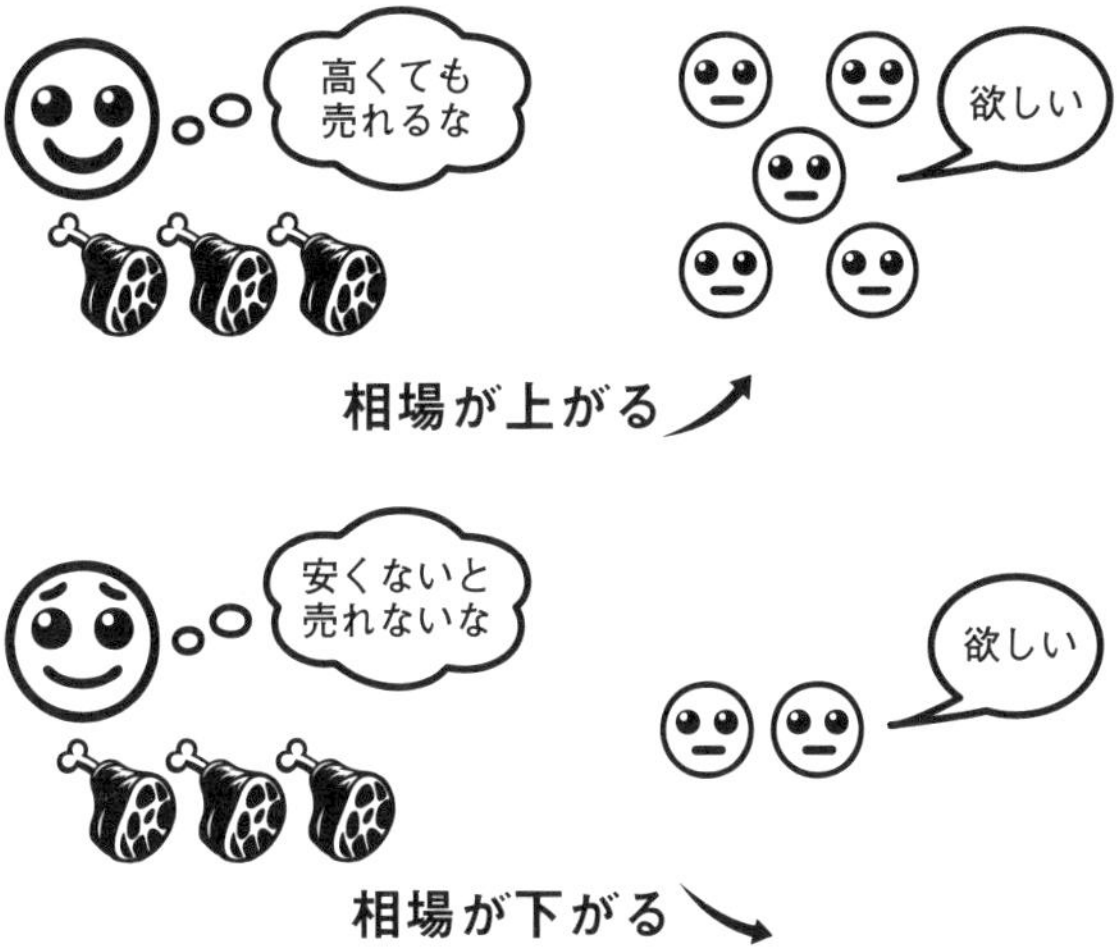
高くても売れるな
欲しい
相場が上がる
安くないと売れないな
欲しい
相場が下がる

反対に、売りたい肉の量より、買いたい人の数が少なければ「少し値引きするから、ほかに買う人いない？」と買う人を増やそうとします（これを「相場が下がる」という）。

もちろん、実社会は、このような単純な需要と供給の関係だけでできていません。物価をはじめ、材料の相場、関係する労働者の事情、通貨、政治的・社会的要因、個人的な趣向、市場予測の違いなど、様々な要素が関係しています。

ただ、それでも**大まかな「商材の相場」は必ずある**はずです。相場から「極端に安い」あるいは「極端に高い」ものは、違和感を察知して様々な角度で裏を取りましょう。

◉本当に「そんなに儲かる」ということが可能か？

需要と価額の関係は、モノの売り買いやサービスの提供などを伴わない投資分野も同じです。多くの投資における「利回りの相場」をご存じでしょうか？

投資をする人は、利回り3％くらいを指標にしていることが多いです。5％あればだいぶよいほうで、7％もあればかなり優良な投資と言えます。10％になってくると、相当な知識、時間、労力をかける案件でしょう。

優良な投資として、メジャーな株式投資でようやく国内平均利回りが10％程度です。

うまくいくために必要な知識が高度なのは、想像に難くありません。

株式投資よりリスクが低い、債権投資の平均利回りは1〜3％です。

では、本書で何度か出てきた不動産投資はどうでしょうか？

堅実で一般的な賃貸を前提にすると平均利回りは3〜5％です。

物件価格3000万円、家賃収入200万円として、表面利回りが10％、そこに固定資産税や修繕費、管理費などの費用60万円程度を引いて、やっと利回り5％前後です。

年間の収入200万円でも、相場から見ればこれで十分、優良投資なわけです。膨大な経済的知識を持ち、多大な労力を使い、5年10年と時間を費やすエンジェル投資はどうでしょうか？

エンジェル投資とは、スタートアップ企業（ベンチャー企業）に出資し、その企業が成長したときに配当を得たり、株式売却して利益を得るものです。

しかし、ベンチャー企業の生存率は、5年後で15％前後、10年後で6％程度、20年後となると1％もないと言われています。ですから、かなりの資金力を有し、膨大な数のスタートアップ出資をして、利回り5〜7％出れば成功とされます。

10％も出せるのは、かなり凄腕の投資家です。

ここまで読めば、**5年も10年も期間を要さずに、高い利益が得られる（稼げる）と謳っていること。そして、購入者側にとっても利回り10％をはるかに上回る報酬を設定していることが、いかに異常かわかる**のではないでしょうか。

そもそも、大雑把に考えたとしても「やたら金額が高い商材」であれば、欲しい人が多いはずです。

シロアリの巣（コロニー）と無縁な人たちに聞いて回ったとして、誰もが「よくわからない」と言うものが、そんなに高額なのはおかしいのです。

仮に、その商材がそれだけの価値がある希少なお宝だとしても、それが世に広まってしまうなら、必然的に価値は下がります。

「ポンジ・スキーム」をご存じでしょうか。

これは「高い利益還元」や「高い配当」をあおり文句に、多くの資金を集める搾取ビジネスで、実際は運用先が形骸化していたり、著しく不足していることが多いです。

その結果、謳われた利益還元や配当支払いがされることはありません。ひどい場合だと、運用先が存在しないことさえあります（これは完全に詐欺ですが）。

被害者から集めたお金の大半は主催者が抜き取り、残りの一部のみ分配される仕組みとなっていて、自転車操業的に最後は破綻します。

古くからある「ねずみ講」の投資版とも言えるでしょう。

いずれにしろ、他者が「価値がある」と言っている時点で、相場のメカニズムに乗る話になります。ですので、必ず冷静に相場を把握すべきです。

利益や配当が相場より極端に高い時点で、疑いを持つ必要があります。

もし、相場では測りきれないような「未知のビジネス」を追っているなら、それは他者から提供されるようなものではありません。

未知のビジネスで成功を収めるのは、自ら「市場自体を切り開く」か「他者よりも早くその潜在性を見抜く」ケースに限られます。仮にその道を選びたいのであれば、判断基準を「外」に置かず、自らの「内」に焦点を当てる必要があります。

ダイヤモンドの原石を産み出し、自らブリリアントカットすることなのです。

◉自称・専門家の特徴は「数こなせば儲かる」発想

相場を知ることの重要性を、また一つ別の例でお伝えします。

コロナ禍において、経済産業省から「事業再構築補助金」という中小企業などを支援する制度が提供されました。コロナ禍の影響で、中小企業を取り巻く需要や売り上げの回復が長期化すると見込まれたので、これらを下支えするためにつくられた制度です。

制度趣旨は、コロナ禍でダメージを受けた事業者のビジネス改善による救済です。

そのため、補助金の交付要件は、既存ビジネスをコロナ禍で変化した社会状況に合わせて転換することでした。にもかかわらず「状況の変化」「悩み・不安」などに勘づいた輩が、これに目をつけました。

補助金領域を狩場にする輩は、制度趣旨などお構いなしに「うまくやれば国から大金が引っ張れる」ことを強調し、セミナーやネット広告、DMなどであおりました。

多くの経営者は、事業を立ち直すことで必死ですから、詳細な諸条件など、しっかりチェックする余裕などありません。彼らに任せればお金が工面できると誤解します。

ここでは「成功報酬は採択される補助金から15%~35%」と、とんでもない報酬設定がされ、もちろんそれとは別に、かなり高額な依頼料（着手金）もかかりました。

このビジネスのキャッシュポイントは、二つのパターンに分かれています。

一つは典型的な「受任時の報酬を利益確定と設定」し、ひたすら受注数を伸ばすパターン。もう一つは、成功報酬をアテにして「画一的・テンプレートのような事業計画書を博打的に大量に申請」するパターン。

いずれも、**補助金の趣旨から考えればありえないやり方**です。

事業再構築補助金の目的は、事業の立て直しであり、国から大金を引っ張ることではありません。つまり補助金自体は「手段」であって「目的」ではないのです。

当然、企業ごとに指導内容は深く広くなります。必然的に専門家は、一人数社対応するのが精いっぱいです。

ところが**「数こなせば儲かる」的な展開をする「自称・専門家」がとにかく多い**のです（ちなみに、誠実な専門家の多くは、報酬を平常時よりも安価に設定します）。

補助金の支援は、一社に割く労力が多大のものになりますので「数こなせば儲かる」発想の専門家には警戒が必要です。コロナ禍では、補助金支援の実績として「数」や「売上」を標榜し、それを「権威性」と勘違いさせていた専門家もたくさんいました。

その違和感に気づかずに、信じてしまった事業者は数多くいたようです。

制度趣旨や相場の仕組みから、冷静に考えればおかしいのですが、状況変化や不安・悩みを抱える思考停止状態に陥り気づけなかったのです。

◉「信用」できても「信頼」できるとは限らない

補助金の例では、ほかにも押さえておきたいことがあります。

事業者が狡猾《こうかつ》なコンサルにたどり着いたきっかけが、ネット広告やＤＭだけでなく、金融機関の紹介や大手主催のセミナーだったことです。

つまり、**紹介者やそれを知るきっかけの媒体などが信用できても、じつはアテにならない**ということです。信用できる人や会社、機関の紹介が、信頼できるとは限りません。

「信用」と「信頼」の違いをご存じでしょうか？

「信用」とは、その対象の過去のおこないや実績から判断するもので、「信頼」とは、対象の考え方やふるまいなどから、今後の将来に対して託せると信じられることです。

つまり、金融機関だろうが、大手主催のセミナーだろうが、信用できても信頼できるとは限らないのです。同じく、専門家がどれだけ実績を標榜しようが信頼できません。

信頼には、必ず現在から未来に向かっての時間軸が必要です。

過去がどうとか、権威性がどうではなく「今ここ」にいる相手が、これから未来に向かってしてくれることへの期待感です。

ですから、相手の言動やふるまい、相場から生じる違和感の有無、過去から現在までの「軸のブレの有無」などを確認してから、決断する必要があるのです。

◉あおり文句が「稼げる」は原則「怪しむ」

補助金においてもそうでしたが、やはり「お金を稼げる」をあおり文句にしている時点で、原則「怪しむ」という習慣を持つべきです。

そもそも「お金をもらって、お金の稼ぎ方を教える」という時点で道理が通りません。

お金の稼ぎ方を知っていれば、本人がその稼ぎ方で稼げばいいだけです。

万一、その本人のリソースでできない方法であったとして、まっとうな事業者であれば、条件を提示して「提携」する方法を選びます。片方に方法だけを教示して報酬を得て、リスクを相手のみに負わせるなんて誠実なビジネスではないのです。

そんな発想で食いつなぐ輩が、まっとうな事業者とは思えません。

まっとうな事業者であれば、収益を得るのには、相応のコストやリスクがかかることも承知しています。あるいは、堅実に相手方の「目的達成」や「課題解決」の後に「利益を確定」する形式とするはずです。

これも、先ほどの「信用」と「信頼」の問題です。

本当にフェアに、現在から将来に向かって、自らを信じて向き合ってほしいのであれば、それに応じた考え方やふるまいを示すはずです。

補助金のケースでも同じで、採択率（補助金交付決定をもらえる合格率のようなもの）がある以上、何件も膨大に受ける輩が信頼できるわけはありません。

むしろ「1回の公募で5社までしか受けない」や「一都道府県一業種しか受けない」などと言っているほうがよほど信頼できます。

方法は様々ですが、まずは相手方の立場に立った提案から始まるはずなのです。それができない時点で、取引するに値しないことを認識しましょう。

そういう観点でも、**過去の肩書や実績などを前面に出して、権威性を標榜する人や会社も注意が必要**と言えます。ビジネス防御術として大事なのは、視点を「過去」ではなく「未来」に移すことなのです。

危険な思考・人物・ビジネスモデルから我が身を離そう

◉「要約思考」を捨てよう。難しいものは難しい！

前項で「補助金制度の罠」をご紹介しましたが、被害者が罠にハマった原因の一つに近年の「要約思考」があげられます。

補助金制度というのは、非常にややこしく、細かい諸条件があります。搾取目的で、大量に案件をこなそうと思えば、効率的・画一的に数をこなします。制度をザックリと把握し、要約して伝えるのは、じつは「手抜き」なのですが、要約思考の事業者側にとっては、魅力的に映るのです。

金融機関なども支援が本業ではないので、制度は概要説明にとどめ、個別具体的な検討は専門家がおこなうと思っていたのでしょう。**お手軽にラクにお金がもらえれば、それに越したことはありませんが、残念ながら「難しいものは難しい」のです。**

補助金に限らず、投資、保険、金融、不動産、暗号資産（仮想通貨）、出版、起業、法律、アートなど、あらゆるものがそうです。

ちょっとした趣味や雑談であれば、要約サイトや要約チャンネルで、概要さえつかんでおけばいいかもしれません。

しかし、**仕事や金銭に関わる決断にまで、同じように要約で済ませるのは危険**です。

ある分野で、長期間稼ぎ続けられる人というのは、どんな人でしょうか？

それは、その分野の2、3の専門的な知見・経験を有した上で、大局的・包括的な視点を持ち先の情勢を見通せる人です。

この知見とは、要約や概要ではありませんし、もちろん聞きかじりの生半可な知識でもありません。その分野で具体と抽象を行き来し、構造的・体系的に知っている情報の集合体が知見です。

また経験とは、その分野でいくつもの苦楽をくぐり抜けて、初めて得た体験です。

仮に、そのような人たちから直接学べる機会を得られたとしても、まるで他者のつくった料理を電子レンジでチンする手軽さで、長期間稼ぎ続けられるわけはないのです。

そもそも、このような知見と経験から得た「必勝法（?）」を、どうして簡単に教えてもらえると思うのでしょうか？

仮に、ある程度の必勝法のようなものがあったとしても、それは絶対に個別の事情に合わせた応用が必要です。要約で済ませられるわけがありません。

このように「要約思考」は、自ら泥沼に入り込んでいくようなものです。

「生兵法は大怪我の元」を肝に銘じましょう。

◉そいつはフレネミー？ 人間関係はあなたを救わない

何かの商材を検討している段階で、その商材のよい点だけでなく、悪い点や利用上の注意、リスクや例外など、悪い点の詳細を伝えてくれる人には誠実な印象を受けます。

逆に、メリットばかりを極端に強調する人は、危険性が高いでしょう。

この場では、多くの方が「そんなの当たり前だろう」と思われたかもしれません。

しかし、実際には多くの人が、残念ながら「デメリットも踏まえて誠実な説明をする人」よりも「極端なメリットばかりを強調する人」をありがたいと考えがちです。

それは、自分にとってのデメリットやリスクの存在を、認めたくないからです。

認知心理学や社会心理学の分野で「確証バイアス」という言葉があります。人は「自分にとって都合のよい情報ばかりを集めたがる（耳に入れたがる）」傾向にあるのです。その結果、自分の目的や希望を肯定してくれる情報・材料のみを信じ込み、無意識のうちに合理的でない決断をしてしまいます。

もっとシンプルに言えば、**人は「信じたいものだけを信じる」**のです。

これを、反対に考えてみてください。

搾取目的の輩が、確証バイアスのことをよく知り、悪用していたとしたら……。女王アリのフリをしたシロアリとも知らず、手放しで信頼して、自らの重要事項に関わることを決断してはいけません。

意外と、搾取ビジネスとの出会いは、身近な人の紹介や所属するサークル、コミュニティであることがあります。こういう人は「フレネミー」の可能性が高いです。

フレネミーの語源は、フレンド（友人）＋エネミー（敵）。つまり友人のふりをした敵です。なかには、無意識のうちにフレネミー化している人もいるので、見抜くのは難しいかもしれません。

ですので、いったん冷静になって、警戒心を持つ必要があります。

必ず、提供者のバックボーンを知り、相場を知り、論理の飛躍や矛盾がないか考える習慣をつけてください。

「決断は遅く」です。

それがたとえ「仲のよい人であったとしても」です。フレネミーかもしれません。**大切な人からの紹介だったとしても、人間関係があなたを救うことはないのです。**

むしろ、搾取ビジネスは群れて行動するものです。自分が信頼するコミュニティ、グループが、気づけばシロアリの巣（コロニー）となっている可能性だってあるのですから……。

◉「仕組みで儲ける」ビジネスには近づかない

いくらなんでも、人間関係やサークル、コミュニティにまで構えて向き合えと言われたら、息苦しいと思う人も多いと思います。そこで、ビジネスモデル別に、人間関係やコミュニティ自体に警戒心を持つべきか、ポイントをお伝えします。

世の中にあるビジネスモデルには膨大な種類がありますが、ある程度、構造化すれば大きく11種類ほどに分けられます。

それぞれのモデルごとの特徴と、危険が潜みやすいポイントを説明していきます。

【タイプ① 直接提供モデル】

直接提供モデルは、提供者が直接、顧客に商品やサービスを提供するモデルです。自ら製造した商品を販売するのはもちろん、美容院やマッサージ、弁護士などの士業もこのモデルです。

言い換えれば、取引形態が「1回きり（スポット）」のものが直接提供モデルです。

こういうときは、**事前の商品詳細や提供サービス内容をしっかり確認**します。

また、提供側のバックボーンを調べたり、価格について相場との関係性をチェックしたりすれば、危険性を回避しやすいです。

【タイプ② 小売・卸売モデル】

「他者が製造した商品」「他者が提供するサービス」を仕入れて売るモデルです。

メーカーと小売者のあいだで「仕切り値」を設定し、リスクを小売者が担います。ちなみにB to B（事業者→事業者）を卸売、B to C（事業者→消費者）を小売と呼びます。

服のブランド会社が、直営店で服を販売するのは直接提供モデルです。

一方で、代理店やセレクトショップなど、第三者がこの服を売るケースを「小売・卸売モデル」と言います（この例だと「小売」）。この場合、元のブランドやメーカーから正規のパートナーとして代理販売しているかのチェックが重要となります。

反対に、正規のパートナーであれば、定価がハッキリわかるはずです。

そのため、**商品・サービスの詳細チェック、ブランド・メーカー側のバックボーンチェック、相場とのチェックといった「直接提供モデル」と同じ対策で十分**です。

【タイプ③　転用モデル】

転用モデルは、もともとあった商品やサービスを、別の形態に転用して利益をあげようとするモデルです。

たとえば、アーティストがおこなったライブや、講師がおこなった講演会などを映像化して、DVDで販売するようなケースです。

さらに変則的なものとして、その内容を文字起こしして書籍化するケースや、情報商材などにするケースもあります。

転用モデルには様々な転用があるので、一概に語るのは難しいですが、**やはり情報商材系に転用された場合に注意が必要**です。

ただし、その際の対策はすでに本書で述べた通りです。

転用前のコンテンツ自体が、地に足のついた実績と一貫性のある研鑽の跡が見られるかを確認すること。その人の「バックボーン（背景）」をチェックして、相場と照らして妥当かの判断をすれば、搾取ビジネスか否か見抜けるはずです。

【タイプ④　広告モデル】

広告モデルは、自らが管理するメディアなどで、他者の商品やサービスを宣伝し、広告料を受け取るモデルです。小規模なものではアフィリエイトがあります。

大規模なものは、ご存じGoogleやYahoo!などの検索エンジンをはじめ、各種SNS提供会社がおこなう広告モデルがあります。

この中で注意するならばアフィリエイトです。

今はかなり減りましたが、ブログやSNSなどで、不確かな情報や耳あたりのよい発信を続けて信者を増やし、実際はアフィリエイト報酬を稼ぐのが目的であることがあります。とくに近年は、景品表示法の規制類型に「ステマ」が入ったことで、こういったビジネスは、やりにくくなっているようです。

【タイプ⑤　消耗品モデル】

消耗品モデルというのは、基盤となる商品を、コストと比較して安価に提供する代わりに、それに付随する消耗品の利益率を高く設定するモデルです。

「ジレットモデル」とも呼ばれ、典型例は男性用T字の髭剃りです。T字髭剃り自体はお買い得なので売れやすいですが、替え刃の利益で提供側の利益率が高くなります。

同様に「プリンタ本体とインク」「電動ハブラシと替えブラシ」「オフィスグリコ」など、いろいろあります。

ベースが「直接提供モデル」のため、搾取系のビジネスになりにくいですが、反復継続性があるのも事実です。そのため、**気づかないうちに質のよくない商品、相場よりも高価すぎる商品を使っていないか、盲目的に信じないようにはしたい**ところです。

【タイプ⑥　フリーミアムモデル】

フリーミアムモデルは「ジレットモデル」を無形商材でおこなうような手法です。無形商材のため、コストがかからないことから、まず「無料で提供」してからサブスクリプションといった課金に誘導することが多いです。スマートフォンアプリや、オンラインゲームで考えるとイメージしやすいでしょう。

フリーミアムモデルは、搾取ビジネスがしやすいので注意が必要です。ゲーム、音楽、学習、情報提供、読み物など、コミュニティとの相乗効果が高いのです。

ゲームだとわかりやすいですが、ほかのプレイヤーとのランキングや能力の優劣を見える化して、競争心をあおったりします。さらに「みんなやってるのに、きみはやらないの？」と不安感をあおることもできます。

そのため「入り口が無料と謳《うた》う無形のサービス」に警戒心を持つ習慣をつけましょう。とくに、妙に連帯感のある群れの存在を感じるのであれば、危険です。

アプリゲームなどに限らず「無料相談」からの「カウンセリング」や「無料セミナー」からの高額商品誘導などは、かなり典型的な手法です。

ネット広告などは「ＤＲＭ（ダイレクト・レスポンス・マーケティング）」という、まず無料でテキスト資料や、動画、音声などを提供し、その後、売りたい商品を売り込むものがあふれています。

もちろん「ＤＲＭ」は、搾取ビジネス特有の手法ではなく、堅実なビジネスでも多用されるマーケティング手法です。

そのため、基本通りの対策を講じてください。**コンテンツ自体に「地に足のついた実績があるか」「一貫性があるか」といったバックボーンの裏取りが重要です。**

相場と照らした金額の妥当性チェックや、キャッシュポイント（利益確定）が提供時点のサービスか、課題解決に根差すものなのか、などを確認してから決断しましょう。

【タイプ⑦　継続モデル】

継続モデルは、商品やサービスの一定以上の利用を前提とした継続的に収益をあげるモデルです。

フィットネスや習い事（塾）などの会員制サービスをはじめ、携帯電話、通信サービスなどの月額課金サービス（サブスクリプション）などがあります。

回数券販売や毎月の付録を集めて、一つの商品を完成させる雑誌、専門家による顧問契約といった様々なパターンもあります。

原則的には、提供される商品やサービスに価値を感じるからこそ、顧客側も継続するので、堅実なビジネスとの親和性が高いモデルです。

ただし、**最初の契約時に一定期間の継続が強制されるもの（●年縛りなど）や、解約金が不当に高額なものになっていないかなど、細かいチェックは必要**です。

また、実質は顧客側が納得して継続するものであったとしても、搾取の温床になっているコミュニティなどから派生したサービスもあります。

たとえば、周囲からのプレッシャーや洗脳、同調圧力などで継続せざるをえないようになっていないかを、冷静に考える必要があります。第三者の視点で、コミュニティと関わり合いのない知人などに意見を求めるのも有効です。

【タイプ⑧　仲介モデル】

商品・サービスの提供者と顧客を引き合わせることで、仲介料や紹介料などを得て収益をあげるモデルです。

仲介・紹介手数料だけでなく、その案件から生まれる「その後の利益」に応じたロイヤリティを設定することもあります。不動産業や保険、証券などの仲介、商材の代理販売業などが代表例です。

小売・卸売モデルに似ていますが、明確な違いは、このモデルをおこなう者が在庫を抱えるリスクを負わないことです。このことから、見境なしに販売数・契約数を上げることが目的になる可能性が高く、慎重に向き合う必要があります。

言い換えれば、扱う商材やサービスの良し悪しではなく、メリットばかりを強調したり、顧客の悩みや不安などをあおったりしていないかを見極めましょう。

たとえば、阪神ファンやアップル製品好きなどといった「わかりやすいファン」でもないのに、やけに他者の商材やサービスを推奨・勧誘してくる人は、警戒するのが得策と言えます。

ハッキリと「紹介料などが発生するか？」を問い詰めるのもいいでしょう。

ここでも「薦められる商材が、地に足のついた実績と一貫性があるか」というバックボーンの裏取りや、相場と照らした金額の妥当性チェックも押さえてください。

キャッシュポイント（利益確定）が提供時点のサービスか、課題解決に根差すものなのかでも変わります。

なお、紹介モデルのおそれがある場合は、その紹介者自身のバックボーンを裏取りすることも忘れてはいけません。とくに、その人の主要な収入源が不明確であれば、このとき「紹介料」などが主要な収入源の可能性があるからです。

何を実業にしているかわからないけれど、よくイベントを主催したり、コミュニティをたくさん運営しているという人がいます。

そういう人は、一見、社交的で、人当たりもよく、話がおもしろかったり、たくさんの人に慕われていたりするので油断しがちです。

しかし、搾取ビジネスの輩は群れたがるものです。群れた上で、紹介料がもらえる商品やサービスを売り込む目的の場合があるので、注意を要します。

【タイプ⑨　仕組みモデル】

仕組みモデルは、かなり複雑でわかりにくいのですが、全体の仕組みから胴元に利益が発生するようにできているモデルです。

たとえば、クレーンゲームは100円で（うまくいけば）1000円相当の景品が捕れるので、一見、直接提供モデルの変化系に思えます。しかし、そもそもは「一定のコイン投入をしないと取れない」設定です。投入金額と景品の仕入れコスト、店舗家賃、電気代など、総合的な損益を計算した結果、利益が上がるようになっています。

パチンコや競馬なども同様です。パチンコは貸し玉に対するリターンの割合や当たる確率などが、最初からお店側に利益が出るようにできています。

競馬も、オッズ（払戻金の倍率）に最初から胴元の取り分（控除率）が引かれているので、トータルして主催者に利益が生じるようになっています。

もちろん、仕組みビジネスでも堅実なビジネスはあります。

たとえば、ヤフーオークションやメルカリといったサービスを利用されればされるほど、手数料収入が生まれる「プラットフォームビジネス」というものがあります。

すでにご紹介した民泊仲介「Airbnb」、食べ物を配達したい人と届けてほしい人をつなぐ「ウーバーイーツ」、空きスペースを貸したい人と借りたい人をつなげる「インスタベース」「スペースマーケット」「akippa（あきっぱ）」など様々です。

こういった堅実的な仕組みモデルはよいのですが、搾取の仕組みをビジネスモデル化したものが多く存在するので、注意が必要です。

たとえば「仲介モデル」を仕組み化したネットワークビジネス・マルチ商法が典型例です。

日本には、1000種類ほどのネットワークビジネスがあると言われています。基本の仕組みは、商品の広告・宣伝を一切せずに、販売員による口コミ・勧誘で商材を流通させるものです。

こうしたネットワークビジネスの商材は、継続性をもたせられる消耗品であることが多いです。化粧品、サプリメント、日用品など、聞いたことのないメーカーのものを、やけに周辺の人が共通で使っている場合は、いったん警戒したほうがいいでしょう。

もちろん、形式的にはネットワークビジネスに該当するものであっても、本当に良質と感じて、他者に紹介していることもあります。

ただ、仕組みビジネスは、どうしても搾取構造になりやすいので、まずこの形式や特徴に該当するものは基本のチェックをしておきましょう。

「商材が地に足のついた実績と一貫性があるか」というバックボーンの裏取り、「相場と照らした金額の妥当性」のチェック、さらに「紹介者の収入源が紹介料」なのかを確認しておくことです。

【タイプ⑩　シェアリングモデル】

シェアリングモデルは、自身の使っている建物や車などを、使用しないタイミングだけ他者に提供して利益を得るモデルで、近年、急速に人気が上がっているモデルです。循環型社会を実現するモデルとも言えるので、今後、ますます広がるでしょう。すでに出てきた民泊やスペース貸しなどもシェアリングモデルです。

建物や車など有形のものに限らず、家事や介護といった個人のスキルをシェアリングするケースも出てきています。

今のところ、**シェアリングモデルが搾取ビジネス化している例はない**ように思います（むしろ民泊の事例などのように、被害者にならないように気をつけましょう）。

日ごろは事業者としてビジネスしていない素人が、一時だけ事業者になることも多いので、一般的なビジネスのトラブルには気をつけてください。

【タイプ⑪　応援モデル】

こちらも近年急速に広がりつつあるモデルです。

多くの人々から小額の資金を集めることにより、プロジェクトやビジネス、製品の開発などをおこなうクラウドファンディングなどが典型例です。古くは、多くの人が少額を出し合って、一頭の競走馬を保有する「一口馬主」というものもあります。

いずれも「将来的なリターン」に魅力を感じ、投資対象自身への応援の気持ちが強く表れるので、投資される商材や人の「魅力」が最重要です。

したがって、**外形的には警戒したくなりますが、本質はしっかりとした課題提供型の「アリビジネス」や、希少性が魅力の「キリギリスビジネス」であることが多い**です。

一方で、プロジェクトや製品が現実的ではなく、目標を達成できずに終わることや、当初の謳い文句に満たないリターンに終わることもあります。

「結果から見ると搾取ビジネス」となりますが、クラウドファンディングに出資する人は、そういった結果も自己責任として受け入れる覚悟が必要です。

しかし**最近は、クラウドファンディングと暗号資産（仮想通貨）を組み合わせた新種のクラウドファンディングが出ていて、これは少し注意が必要**です。

応援したリターンや製品、サービスではなく、応援される者（あるいはフィナンシェなど仲介会社）が発行する暗号資産をリターンする方法です。

これは、応援を強めるほど暗号資産の価値が高まるので、双方の利害関係が一致しますが、意図的に搾取目的で運営されるリスクもあります。

以上、世の中にあるビジネスモデルを11種類ほどに分けて紹介しましたが、**とくに気をつけたいのは【タイプ⑥　フリーミアムモデル】【タイプ⑦　継続モデル】【タイプ⑧　仲介モデル】【タイプ⑨　仕組みモデル】**です。

ただし、いずれのタイプにしろ、基本の対策（バックボーンの確認や相場との照らし合わせなど）で、少なくともある程度は見抜けることができます。

また、搾取ビジネスをする輩は「（不安や期待を）あおってくる」「（権威性や同調圧力のため）群れたがる」などの特徴もあるので、その辺りにも注目していきましょう。

第３章のまとめ

①「事実」だけで固めた話でも騙せることはできる。その典型が「民泊ビジネス」だった

②搾取ビジネスの輩が使う「あおり文句」は穴だらけだが、その場では「それらしく」聞こえてしまう

③早めの決断にはいいことがない。あおり文句を真に受けやすく、二次被害や三次被害にもあいやすい

④違和感を覚えたときは、必ず相手のバックボーンを調べよう

⑤搾取ビジネスにハマってしまうのは「相場を知らないから」ということが非常に多い

⑥相場を知れば「利益」「売上」「数」といった誤魔化しの数字に惑わされない

⑦要約思考や人間関係は、搾取ビジネスにつけ込む余地を与える

⑧11のビジネスモデルのうち、とくに「仕組み」で儲けるタイプには要注意

第4章

情報収集は慎重に確実に。油断すると誰でもカモられる

カモは「自分がカモ」だと気づかない

◉「情報弱者」と「意識高い系」はハマりやすい

第3章では、くどいくらいに「裏を取ること」の重要性をお伝えしました。

なぜ、そんなにも、裏を取ることを強調したか？

それは、搾取ビジネスにハマってしまう人が「情報弱者」と「意識高い系」に多く、両者とも裏を取ることが少ないからです。

この両者について、両極端な人たちと思われたかもしれませんが、じつは両者には共通点があります。


まず、世間的に「情報弱者」とされる対象の特徴は次の通りです。

①ちゃんと調べない

②見聞きしたことを疑わない
③入手する情報が偏っている
④すぐによさそうな話に飛びつく

次に、意識高い系とされる対象の特徴は次の通りです。

①勉強量が膨大
②得た知識をすぐに披露する
③セミナーや勉強会、オンラインサロンなどに積極的に参加
④向上心がある

「全然、違うじゃないか」と思われたかもしれませんが、よく見比べてください。

①勉強量が膨大↓つねに情報や知識を吸収↓（量が多すぎて）ちゃんと調べてない
②得た知識をすぐに披露する↓知識や情報を信じやすい↓見聞きしたことを疑わない
③セミナーなどに積極的に参加↓入手する情報が偏る
④向上心がある↓今よりもよくなりたい↓すぐによさそうな話に飛びつく

もし、この話を「自分は意識が高い」と思っている人が聞けば、否定されるケースも多いでしょう。しかし、必ずいくつかは思い当たる部分もあるはずです。

正直に言えば、僕自身、どちらかと言えば「意識高い系」側に入ります。そして「入手する情報が偏っている」「すぐによさそうな話に飛びつく」あたりが否定できません。みなさんも身の回りに「意識高い系」寄りの人がいたら、分析してみてください。なかには「自分も当てはまる」と、耳の痛い人もいるでしょう。しかし、僕自身もそうですが、搾取ビジネスに対してはまったく問題ありません。

大切なのは、自分を知った上で対策を練ることであり、何より有効な対策が「裏を取ること」なのです。本章では、具体的な裏取りの手法を中心に説明していきます。

◉「ステマ」はこんなにも酷い

2023年10月、景品表示法の規制類型に「ステルスマーケティング」いわゆる「ステマ」が加わりました。景品表示法とは、消費者が商品やサービスを選択する際に「広告やSNS」の記載を誤解して不利益を被らないようにするための法律です。

このため、以降は広告やSNSなどの表示内容に、一定の規制がかけられています。ステマとは、実際には商品やサービスを購入させようとしているのに、宣伝であると思われないように、商材に有利な文章を書くことです。「ステルス（こっそりとした）」「マーケティング（売る仕組み）」なのでステルスマーケティングです。

法律で規制されるということは、よほど社会問題化していたということになります。

実際、モデルやタレントなどの著名人やインフルエンサーが、企業から対価をもらっているにもかかわらず、それを隠して宣伝することが横行していました。すでに述べた「権威性」の効果が（しかも宣伝と思わない油断した状態で）発揮されるわけです。

さらに、多くの著名人も気に入っているという「社会的証明」の効果もあり、騙し討ち度の高い売り込みだったわけです。

近年は、とくに多くの人が商品やサービスに関して、レビューや口コミをよく参考にします。これらは普通、商材を実際に使った人の正直な意見だから、役に立ちますし、信じ込みやすいのです。

しかし、もし信じていた口コミが、じつは広告だったらどうでしょう？

通常、広告とわかっていれば、誰でも評価内容をいくらか差し引いて捉えます。しかし、まるで普通の口コミのように宣伝すると、本来持つべき慎重さを持たずに判断してしまうわけです。

法律で規制されたことで、騙し討ちとなるステマはできなくなりました。利害関係のある者が宣伝する場合、必ず宣伝やＰＲであることを明示しなければなりません。

とはいえ（誰が発信しているものでも）いったん冷静に「裏を取る」ことの重要性は変わりません。

◉必要以上に「乗り遅れたくない層」も危険

「情報弱者」や「意識高い系」ではない人でも、隠れた罠に対する注意が必要です。

人は現状維持が続くと、思考停止に陥って、思わぬ搾取ビジネスの被害にあうことをお伝えしました。一方で、状況の変化に直面すると、無意識に不安が生じ、また様々なあおりに惑わされることもお伝えしました。

これらは、いずれも自分に起因して生じるリスクですが、現代においては環境によって生じるリスクも潜んでいます。

近年、テクノロジーの進化や市場の変化が、非常にスピーディとなっています。

それらは一見、人間にとって素晴らしいことに思えます。しかし、そのことで必ずしも、すべての人が恩恵を受けるとは限りません。

テクノロジーの急速な進化は、その進化に適応できる一部の「使いこなせる人間」が恩恵を得ることになります。

市場の環境も同様で、その変化の波にうまく乗れた人間だけが利益を得ることができるのです。


つまり、テクノロジーの進化や市場の変化のスピードが加速すればするほど、格差社会も加速度的に広がるということです。


このような状況になると、必然的に「成功や利益を求め、必死に進化や変化に乗ろうとする層」と「成功や利益を追わず、気にしないで生きる層」に分かれていきます。

前者は、乗り遅れたくないという強迫観念が無意識に働き始めます。

「対応する努力を止めたら何もできなくなるんじゃないか」とか「どんどん落ちぶれていくのではないか」といった具合にです。

そうすると「情報弱者」や「意識高い系」同様に「情報を追いかけられない（調べてない）」「見聞きしたことを疑わない」「入手する情報が偏る」「すぐによさそうな話に飛びつく」という状況に陥ってしまうのです。

◉「時代の最先端に居たがる人」はもっと危険

ただでさえ、多くの人が環境により「乗り遅れたくない」状況になりやすいのに、加えて「意識が高い系」は、さらに注意が必要です。

この一生懸命「乗り遅れずに努力をしている」中でも、自らは最先端を走っていると自負する人です。

そういう人たちは、余計に「情報を追いかけられない（調べない）」「見聞きしたことを疑わない」「入手する情報が偏る」「すぐによさそうな話に飛びつく」ことがエスカレートしています。

言ってしまえば「意識高い系思考停止状態」への突入です。これは「最先端に居ることで安心だ」という思い込みや、観念、幻想に迷い込んだ状態となります。

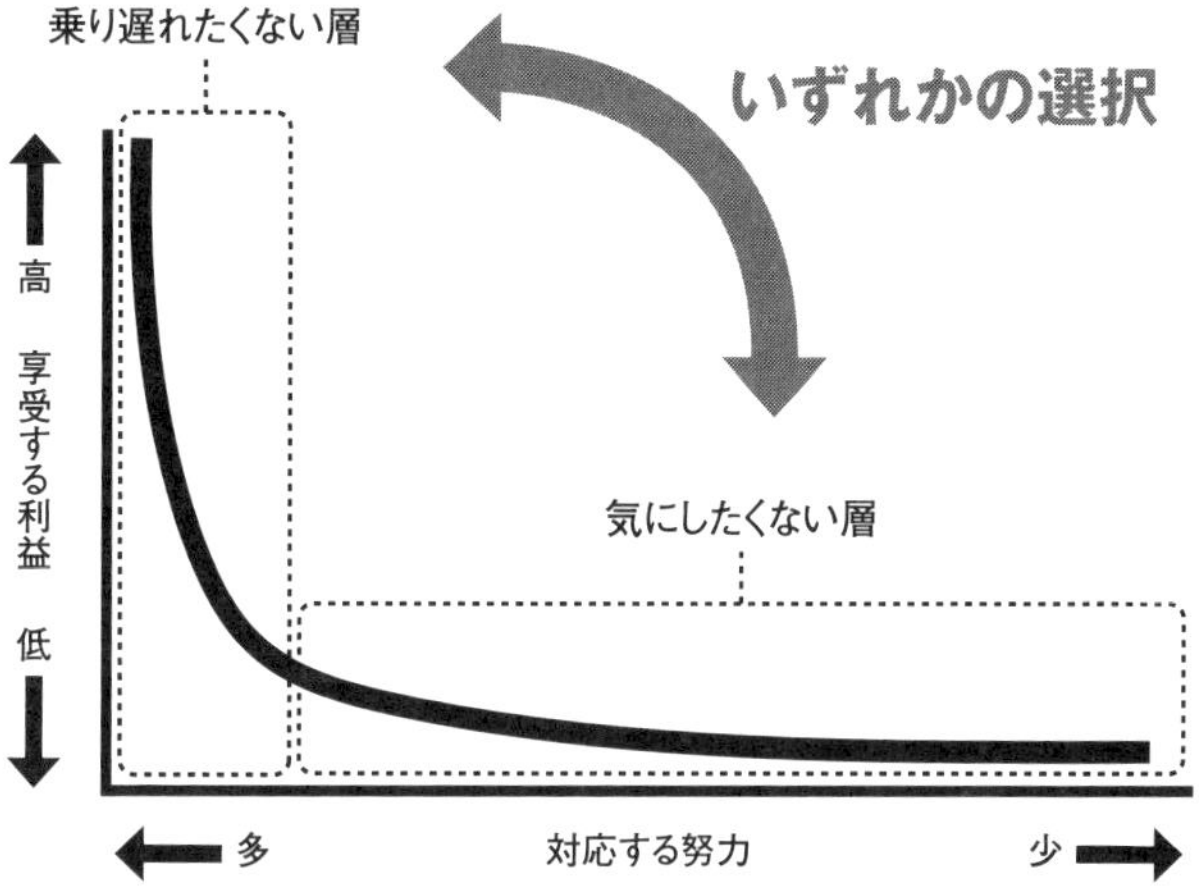

この状態にまで陥ってしまうと、裏を取るといった当たり前のことですら「的確な見極め」ができなくなっています。

つまり「成功や利益を逃さないように波に乗る」が「波に乗っているから成功や利益獲得ができる」という誤った認識に変化し、強化されるのです。

これは、スピリチュアルの例（第3章）で取り上げた「モチベーションを上げるために招き猫を置く」から、「招き猫パワーが足りないから買い足す」という「判断基準が自分の外に移っている」状態と同じです。

もはやこのような状態になってしまうと、搾取をしたい狡猾な輩のかっこうな餌食と言えます。

◉なぜ「情報の精査」ができないのか？

近年は、インターネットの登場やスマートフォンの発展で、誰でも膨大な情報にアクセスできるようになりました。それにもかかわらず、むしろ反対に「情報を精査する」つまり、裏を取る人や頻度が減ってしまいました。

情報が膨大であればあるほど、それぞれの分野については専門家に従うほうが効率的だ、と考えるようになってしまったからです。これは「権威性に従ってしまう」ことや「要約思考に陥っている」ことなどの複合的な課題と言えます。

つまり我々は、無意識のうちにメディア（発信者）や、専門家の出すものに反応するだけの「お客さん」の立場になりがちなのです。

信頼できるメディアや専門家ばかりなら、それでもいいのかもしれません。

しかし、**実際は「メディアの皮を被った搾取ビジネス」や「専門家の皮を被った搾取ビジネス」があふれている**ことは、これまで述べた通りです。だからこそ、積極的に情報は精査するという「情報の裏取り」が重要になります。

「情報の精査」の方法をシンプルに述べれば、複数個所から情報を得て、比較検討するということです。言葉にすれば簡単ですが、我々は意外と「情報の精査」ができません。

これまでの学校教育では「調べる」→「情報を一歩引いて検討する」→「比較し分析する」→「本質を推察する」ということを重視してきませんでした。

学校教育の指導要領は、情報量が膨大でないころのものが、いまだにベースになっているからです（そもそも今30代後半以降の方であれば、ネットやスマホが登場する前に学校教育を受けていたでしょう）。

もちろん、高校や大学に行き、何らかの職に就けば、その分野についてはノウハウがつきます。しかし、その分野から離れたものとなると、結局「何を拠り所にすればわからない」という状態に陥るのです。

では現実的に、どうすれば「裏を取る力」をつけられるでしょうか。次の項目から具体的な方法を紹介していきます。

「裏を取る」ためには「情報の精査」が欠かせない

◉情報は「複数個所」から取ること

裏を取るための具体的な情報の収集方法は、大別すると「資料や文献を調べる方法」と「人や現場から得る方法」に分かれます。それぞれ解説していきましょう。

【①資料や文献を調べる方法】

これは言うまでもなく、インターネット上に記述された情報も含めます。この際に重要なのは次の4つです。

（1）発言者が不明の情報は捨てる

（2）時間と場所が不明確な情報は減点する

(3) 中立さの欠ける情報は話半分

(4) インプレッション稼ぎの文章は疑う

新聞や書籍でも、発言者がわからないものが多くあります。そういったものは、大胆に判断基準から除いて構いません。たとえば「関係者が言うには」「●●に詳しい専門家によると」あるいは「全米が泣いた」のような情報です。

もちろん、インターネットのニュース記事やSNSなどの発信でも、匿名やニックネームによるものは切り捨てて構いません。

また、情報に「時間」や「場所」が併記されていないものも要注意です。何かの「情報（事実）」には、必ずそれが発生した「時間」と「場所」があります。

にもかかわらず、それが併記されていないものは情報の評価を下げて構いません。「2017年3月15日に、京都市中京区の●●ビルで出会ったMさんが言うには」というのと「6年ほど前に保健所の関係者が言ったのは」では、信憑性《しんぴょうせい》がまったく違うのがおわかりいただけるでしょう。

ほかにも、明らかに何らかの都合により発せられている極端な意見については、話半分くらいで受け止める必要があります。

そもそも情報収集には「事実」と「意見」「推測」の違いを明確に区分する必要があります。両者の見分け方は、断定的に書かれているか否かです。

断定的に書かれていない例は「○○と思う（考える）」「○○とのことだ」「○○の模様」「○○となるだろう」「○○ではないか」というようなものです。

なお、断定的に書かれていないものは、少なからず発信者の立場が反映されます。いわゆるポジショントークというやつです。

例を挙げると、顧客が「お客様は神様っていうだろ?」というのと、仕事を教える先輩が「お客様は神様っていうだろ?」というのでは、まったく意味合いが違います。

通常、情報収集には、何らかの立場に寄らない中立な意見を尊重すべきです。

たとえば「賃貸と持ち家、どちらが得か」というテーマについて、不動産会社や工務店の意見を聞くよりも、ファイナンシャルプランナーの意見のほうが信用できます。

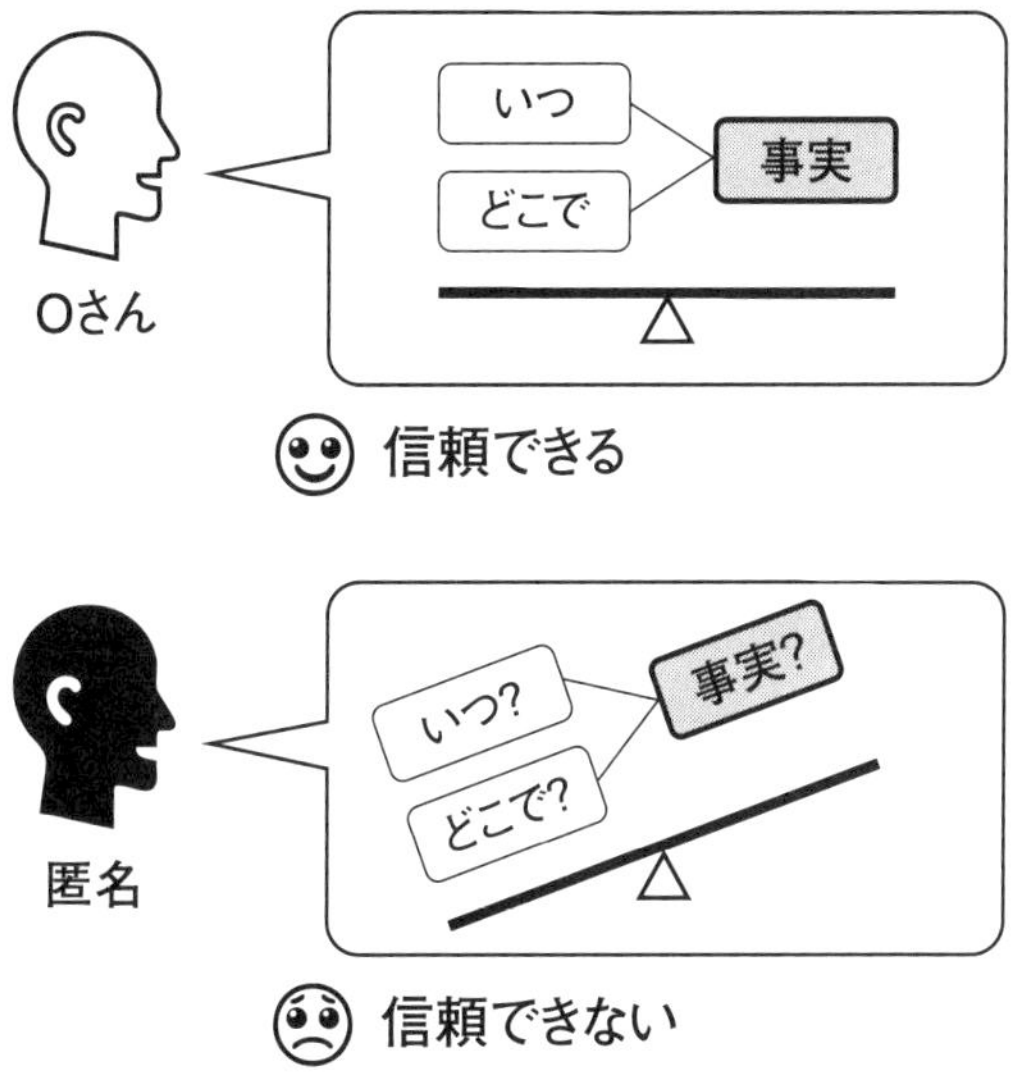

さらに、ファイナンシャルプランナーの意見よりも、経済学者の意見のほうが中立かもしれません。

これに関連して、主にインターネットの情報では、インプレッション稼ぎが考えられる記事は鵜呑みにしてはいけません。インプレッションとは、検索結果やSNSなどで優位に表示されるために人為的につくられた記事です。

たとえば、センセーショナルな内容、誰かがコメントしたくなるような内容、炎上を狙った内容、ポジショントークに利用したい人が活用したがる内容などです。

検索エンジンやSNSの仕組み上、こういった内容の記事はインプレッションが向上するので、信憑性などお構いなしに組み立てられていることがあります。

【②人や現場から得る方法】

このような（1）～（4）すべてをクリアする情報なんて、なかなか見つけられないのではないか、と思われるかもしれません。しかし、同じテーマや人、会社、商材などについて調査する際、複数の箇所から様々な角度で集めることで、トータルで考えれば（1）～（4）を満たす事実が浮かび上がってきます。

そして、さらに情報の精度が高いのは「人や現場から得る方法」です。

ある程度、情報の真偽が見えてきたところで、さらに、調査対象に近い人から裏取りしたり、関連する場所に足を運んだりなどすれば、多くの場合は信頼に足る情報か否かは判断できるようになるでしょう。

◉数や肩書に騙されやすい「ネット弁慶」

ここまで書いてきたことを、端的にハッキリと明言しましょう。

知識、情報、数字に、たいした価値などありません。肩書や人脈などについても同様です。

しかし人間は、多くの場合「知らないこと」を恐れ、また「何もないこと」を恐れる傾向にあります。その結果、とにかくたくさんの知識や情報、人とのつながりを求め、そして自分が何者であるかを築きたくなるのです。

このような状態にあることを、認識しているうちはいいのですが、それが当たり前になり、意識から薄れると「わかったつもり、できるつもり」の状態に陥ります。

つまり、膨大な情報を得られ、好きなだけ思い思いの肩書を持つことができ、多くの人とつながれるインターネットという場は、人を不必要に尊大にしてしまいます。

いわゆる「ネット弁慶」というやつです。

本来、世の中のことなんて「知れば知るほど、わからなくなる」のが当たり前で、知識や情報をたくさん得るほど謙虚さが増していくものです。

肩書を得れば得るほど、自らの器量とのギャップに悩み、人とつながればつながるほど、限られた人との深いつながりの大切さを感じるものです。

それが、ことインターネット上では、厳しい現実から解放され、尊大にふるまうことが容易となります。

承認欲求というのは誰もが持つものですし、認められるためにがんばることができるのも事実です。しかし、インターネット上で簡単に得られる（かりそめの）承認の虜《とりこ》になると危険です。

価値の判断基準が「外」に移り「周囲から自分がどう見られているか」「どう思われているか」を、過剰に意識することになるからです。

それが「知らないこと」や「何もないこと」を恐れる状態につながります。

こうなると、きちんと精査することもなく、やみくもに知識や情報を集め、フォロワー数や肩書、著名人とのつながりなどが重要なことのように思えてしまうのです。

入手した情報や知識を、意味あるものにするためには、それぞれの情報や知識を精査し、関連性や背景を熟考する必要があります。

もう二度と、表面的な知識や、数字、肩書を背景にした「不確かな情報」や「あおり」に振り回されないようにしましょう。

◉「みんなやっている」の「みんな」は思い込み

そもそも、日常で得られる承認には、大きく分けて2種類あります。

一つは、努力や研鑽を積み重ねた上で生み出される成果や、ほかに類を見ない希少性が認められて得られる承認です。

もう一つは、場の空気などを敏感に察知して期待に応える言動を取ったり、その場で浮かないように振る舞ったりすることで得られる承認です。

前者の承認は、その人自身の要素によるところが大きいですが、後者の承認は、その人ではなく、その人のまわりを取り巻く人々が要素となります。

つまり、価値の判断基準が「外」にある承認なわけですが、この承認は前者と異なり、誰かを犠牲にすることがあります。

たとえば、まるでお笑いタレントかのように、知人をネタにする（いじりネタ）、あるいは自らをネタにして（自虐ネタ）笑いを取るなどの方法です。

自虐ネタはともあれ、いじりネタは自らの周辺を気持ちよくし、承認を得られるかもしれませんが、必ずほかの誰かを犠牲にします。

これは、いわゆる同調圧力による笑いの強制であり、同調圧力による被害者への受忍要求です。とりあえず「笑いを取る」という結果を得て、承認欲求は満たされるでしょうが、本質的な正解ではないかもしれません。

このような関係性がまかり通るのは「みんなが求めてるから」とか「みんなやってるから」という、思い込みの上での正解なのです。

「バンドワゴン効果」という言葉をご存じでしょうか？

これは、多数が選択する結果が正解と判断し、追随してしまう現象を言います。

まさに、判断基準が「外」にあることに起因して生じる現象ですが、この「多数の選択」が本質的には正解とは言い切れません。

そもそも、自身が見聞きした「多数」すら、ただの思い込みの場合もあるのです。

このように判断基準を「外」に置いた場合の「承認」は、人を誤った方向に導き、本質的な正解に近づく情報収集を阻害することがあります。

◉もしかして「自分は大丈夫」とか思ってます？

2024年1月1日に発生した能登半島地震の際に、多数のデマが拡散されました。

X（旧Twitter）上で「建物が倒壊し挟まれて動けないから、救援お願いします。住所は〇〇〇」とか「津波到達になった瞬間NHKのアナウンサーがすごい怒鳴ってる！能登半島の方、逃げてください」といったデマの数々です。

これも典型的なバンドワゴン効果で、本質的な正解ではない行動を多くの人が取ったと言えます。

デマを仕掛けた側は、先に述べたインプレッション稼ぎが目的だったわけですが、これを拡散した人々に悪意はまったくありません。

むしろ善意でおこなっているのですが、その行為が社会的には悪影響を与えてしまったわけです。

悪影響に加担するくらいであれば、デマを見抜けない人は「疑わしい投稿はシェアしない」と決めればいいわけです。

ところが、実際には何万もの拡散がおこなわれました。これは**「自分は大丈夫」と思っている人が思った以上に多く、しかも大丈夫と思っている人が大量に騙されているということ**です。

地震という非日常な状況であり「冷静な判断ができなかった」という見解もあるでしょうが、これに関しては「正常性バイアス」というものもあります。

正常性バイアスとは、人間が非常事態に出くわした際に、多大な不安や恐怖のストレスから、身を守るために無意識で平静さを保とうとしている働きです。

ですから、悪いことばかりではありません。過度に取り乱したりしないので、二次被害、三次被害にあうことを回避するメリットもあります。

一方で、事態を過小評価するデメリットにもつながります。東日本大震災のときに「自分は大丈夫だろう」と誤った判断をして、二次災害にあってしまった人が大勢いたことを覚えている方も多いでしょう。

ですから、日ごろから「自分は大丈夫」と思っても「実際には大丈夫ではない可能性がある」と認識を持つことが大切です。

◉むしろ「自分は大丈夫」と思っている人ほど要注意

「ダニング＝クルーガー効果」という、デイヴィッド・ダニングとジャスティン・クルーガーの2人がおこなった実験結果から導かれた法則があります。

この実験では、238人の学生のうち、124人にいくつか試験をおこない、解答直後にその成績を自身で評価してもらいます。自分の試験結果がどれくらいだったのかを予測してもらい、自己認識と実際の試験結果の差分がどのように現れるかを計る目的がありました。

その結果、**試験の出来が悪い人ほど自身の成績を過大評価しており、試験の出来がいい人は成績を過小評価する傾向にある**ことがわかりました。もちろん「自分は大丈夫」と思っている人が必ずしも、過大評価だと言うつもりはありませんが、自分がこれまでしてきた経験や直観が絶対的なものではないことの教訓として注意は必要です。「自分は大丈夫」と思うこと自体がズレた先入観かもしれないのです。

これまでの話にも通じますが、自己評価がアテにならないということは、言い換えれば**商材の提供者や商品・サービスの良し悪しも、自分の評価だけで考えてもアテにならない**ということです。

自分以外のものを評価しようとしても、それは必ず自身の評価を絶対として考えているからです。

そこには多かれ少なかれ、ダニング＝クルーガー効果が生じるでしょう。それを認識していなければ、自分はあたかもあらゆるものを客観的に評価できると勘違いしているかもしれません。

仮に、そういった自覚がなければ、しっかり自分で考えたり、思考を深めたりするということも不十分になっている可能性があります。

このことから、つねに裏取りをする習慣をつけておくことが重要と言えるのです。

「結局は自分」謙虚に裏取りすれば騙されない！

◉知らないことを恥じるな。謙虚でいれば救われる

世の中のことを知れば知るほどわからなくなり、知識や情報をたくさん得るほど謙虚さが増していくものということを述べました。

これは、情報収拾における失敗回避の指針とすることもできます。

そもそもの問題は「知らないこと」を恥と思うことです。

しかし洋の東西を問わず、大昔から名を馳せた賢人の多くが、知らないことは恥ではないと説いてます。

西洋哲学の基礎を築いた古代ギリシアの哲学者ソクラテスは、当時の知識人たちと問答を繰り返した結果「自分に知識がないことに気づいた者は、それに気づかない者よりも賢い」という意味の「不知の自覚」という表現を残しています。

また「論語」で有名な古代中国の哲学者・孔子も「知っていることを知っているとし、知らないことは知らないこととする。これが知るということなり」と、まさにソクラテスと同じ「不知の自覚」を説いています。

シェイクスピアも『お気に召すまま』という作品に「愚か者は自身を賢者だと思い込むが、賢者は自身が愚か者であることを知っている」という一節があります。

このように「知らないこと」を恥じる必要はなく、むしろつねに謙虚に「自分の知識や判断は正しくない」と考えるようにするほうが、様々な場所に潜む罠を回避することができるはずです。

厄介なのは「自分は大丈夫」と思い込む人が、ろくに「裏取り」もせずに、搾取ビジネスの罠にかかってしまうことです。

こうなると、出会ったものが搾取ビジネスであることに気づかず、搾取され続けることとなります。それればかりか、自らも加担していることに気づかずに搾取行為を支援してしまうこともあります。

たとえば、マルチ商法（連鎖販売取引）は、上の人だけが儲かる仕組みです。

必死に商材を広げている層（下の人）は利益ではなく、自分が扱っている商材が本当にいいものだと信じて、他者に勧めていることがあります。

これは善意からの行動ですが、その善意が搾取を助長してしまっていることに本人が気づいていません。そういう人は「自分は大丈夫」と思っていますが、じつは大丈夫どころか、搾取ビジネスを拡大させるという最悪の状態に陥っているわけです。

まずは**「自分の知識や経験は確かなものではない」**と知ることです。そして、それを日ごろから認識することです。これが習慣となり、本当の謙虚へとつながります。

◉とにかく調べる癖をつけよう

現代は情報が膨大で、発信者の数も限りなく増えています。

そして、搾取を念頭に置いている輩はもちろん、そうでない悪気ない発信者であっても、自らの発信内容が「正しい」という前提に立っています。

「専門家」や「研究者」を名乗り、洗練された成果のように説明する者もいれば、聞きかじりの立場の者が、さも自分が考えたり、当事者のように装う者もいます。

しかし、その多くは「自称」にすぎず、信頼に足るものは少ないのです。

だからこそ、自分で「裏取り」をしなければなりません。

裏取りの肝はすでにお伝えした通りですが、それらを実践する際に意識してほしいのは、とにかく調べる癖をつけるということです。

「不知の自覚」を念頭に置いて「知らない用語」「知らない人」「知らない団体・会社」「知らない経緯」「知らない掲載媒体」など、くどいくらいに裏取りをすれば、怪しいものは必ず違和感が見つかります。そうした違和感を見逃したり、無視したりしてはいけません。第三者に相談することもお勧めします。

加えて、次のポイントも押さえておくといいでしょう。

- **発信者のフォロワー数、閲覧数はまったくアテにならない**
- **エビデンスが記載されている場合、引用は正確か見る**
- **言葉の定義は正確か、正しい補足があるか**
- **第三者による専門性の担保があるか**
- **極論を振りかざしてないか（意見が偏らず中立な視点か）**

引用の正確性とは、文章を見た人が、そのエビデンスのもとを探そうとすれば探せる程度に「その文章の書き手と引用元の文章が区別されていること」と「引用元が明かされていること」の2点が重要です。

同じく、言葉の定義の正確さも重要です。**読み手が理解違いをしないような配慮がなされているかで、発信者の誠意が読み取れます。**

この視点で考えれば「誰でも簡単に稼げる」とか「●か月で年収●●●万円」なんて、あおれるはずがないのがよくわかるはずです。

「引用元（エビデンス）をたどる」「言葉の正確性をチェックする」「第三者も担保されているか整合性を見る」「極論になっているかどうか、ほかの意見と比較する」など、とにかく身を守るためには「裏取り」をたくさんしなければなりません。

◉「秒で稼げる?」胡散臭い人ほど話が大げさで面白い

そもそも、搾取ビジネスの被害者が出やすい理由は、情報の受信者側よりも、発信者側のテクニックのほうが洗練されているからです。

これらの特徴は「話を大袈裟にあおるのがうまい」「文章をグイグイ読ませてしまう」「受け手のメリット（秒で稼げる、誰でも簡単など）が強烈」といった共通点があります。

本書は、ビジネス防御術を身に着けるという観点で、受信者側の方法論を説くよう努めてきました。

しかし、ゴールキーパーとしてレベルアップするには、ストライカーの気持ちも知ることが大事で、ピッチャーとしてレベルアップするには、バッターの気持ちも知ることが大事です。

次項からは、これらの視点に立って、発信者側のテクニックをいくつか紹介しておきましょう。

「搾取ビジネス」の輩が使う4つのメインテクニック

◉あおり最強メソッド「PASONAの法則」

まずは「不安・悩みつけ込み型」からご紹介していきます。

(P) 家に帰ると、いつも静まり返った部屋が寂しく感じませんか?

(A) 一人で過ごす夜がいつもより長く、より寂しく感じる今、あなたの心にもポッカリと穴が開いたような感覚を覚えることはありませんか?

この孤独感は、思っている以上にあなたの心に重くのしかかっています。

(SO) しかし、そんな悩みを解決する小さな生き物がいます!

ふわふわの毛並みと温もりを持つ猫です！

あなたの家に幸せと癒しをもたらす猫は、ただいるだけであなたの部屋を明るくし、あなたの帰宅を待つ、かけがえのない存在となるでしょう。
（N）ただ今、当社では1000人のモニターテストのうち、98％が「癒された」と回答した猫を厳選してご紹介しています。このテストをクリアした猫は、たったの20匹しかいません。
とても貴重な限られた猫たちですが、期間限定でこの猫たちを引き取りたい家族を募集します。この機会は長くは続きません。彼らも愛される家族を待ち望んでいます。
（A）今すぐにでもこの猫たちとの出会いを経験し、あなたの家庭に新しい家族を迎え入れましょう。以下のリンクからお問い合わせください。また、今月中にご連絡いただいた方には、特別なウェルカムキットをプレゼントします。
新しい家族との素敵な生活をスタートさせましょう！

さて、猫を飼いたくなったでしょうか？　少なくとも猫のよさは感じたはずです。

これはPASONAの法則といって、FAXやメールなどの文章から反応率の高いものを研究した結果、生み出された「不安・悩みつけ込み型」のあおり文章の型です。

PASONAとは「Problem（問題提起）」「Agitation（あおり立て）」「Solution（解決策の掲示）」「Narrow down（絞り込み）」「Action（行動促進）」の頭文字です。

これらを踏まえて、先ほどの文章をもう一度、読み直してください。型の正体を知れば、冷静に「はいはい、あおってますね」と読むことができるはずです。

知らずにいればついつい引き込まれてしまう文章も、タネさえわかれば惑わされることはありません。手品のタネを知った上で見るようなものです。

◉ネット検索向けあおり文章「QUESTの法則」

こちらは、ネット検索に効果を発揮する「不安・悩みつけ込み型」です。

（Q）努力しているのに、思うように結果が出ない。そんな経験をしていませんか？

（U）毎日早朝から深夜まで働き、新しいプロモーションや商品を試しても、なぜか予想したほどの成果が得られない……。それは決して、あなたの努力が足りないからではありません。

多くの成功したビジネスマンが認めるように、見えない「運」もビジネス成功の大きな要素です。

・新規顧客が見込み通りに増えない
・長時間労働にもかかわらず売上が伸び悩む
・努力に見合った評価が得られない

（E）ここで紹介するのはただの招き猫ではなく、二四三稲荷神社で祈祷された特別な招き猫です。この神社は、商売繁盛で知られ、多くの商人が訪れる聖地です。

この招き猫は「運気の向上」と「商売繁盛」の古法にもとづき、特別な儀式を経てつくられています。神社の神官が直接祈りを込め、その場のエネルギーを招き猫に移すことで、「運」を形としてあなたのもとに届けるのです。

（S）この招き猫を店に置くと、その場のエネルギーが変わり、自然と人々が集まるようになります。想像してみてください、開店と同時に客が列をなし、レジはつねに忙しく、売上は日々更新される毎日を……。

この招き猫がもたらす好循環は、あなたのビジネスに新たな活力を注ぎます。

（T）あなたの運命を変えるために、今がそのときです。二四三稲荷神社の力を宿した招き猫は数量限定でご提供、早い者勝ちです。「今すぐ購入する」ボタンをクリックし、ビジネスの運気を好転させる一歩を踏み出しましょう。

さらに今なら、購入者全員に招き猫とともにエネルギーが込められた「成功の矢ネックレス」を特別にプレゼントします！

訪問先でも、絶大なる成果を上げることができることでしょう。

本書をここまで読んだ方なら、ギャグのように感じられたかもしれません。

この法則のポイントは、自身の抱えている「悩みや不安」が顕在化していて、インターネット検索などした人をターゲットにしている点です。

QUESTの法則とは「Qualify（絞り込み）」「Understand（共感する）」「Educate（啓発する）」「Stimulate（興奮させる）」「Transition（変化させる）」の頭文字です。

まず、読み手を絞り込んだ上で、本人が自覚している「悩み・不安」に共感します。すでに手の打ちようがないことを言語化することで再確認させ、発信者の提案に乗りやすくします。

次の「Educate（啓発）」では、読み手が一見納得するような権威性や、商材のメカニズムを説明します。

なお、例文では省略していますが、本来はここで採用しない理由を潰すくらいの成功例や推薦例などを取り上げます。

最後の「Stimulate（興奮）」「Transition（変化）」で、商材を手に入れることで得られる世界をイメージさせ、欲求をあおった上で、最後に特典やボーナス（とくに期限つきのもの）で即決するための後押しをします。

仕組みを知ると、かなり「酷いなぁ」と感じると思います。 しかし、裏を知らずに読むと、ついつい乗せられてしまうのです。

◉欲望をあおる「AIDCAの法則」

次は珍しい「快楽助長型」の法則を取り上げます。

（A）無限クレーンゲーム、無制限の勝利！　自宅で、今すぐ、制限なし！

（I）一度の投資で、永遠の楽しみが手に入ります。ムダな出費はもう終わり。あなたのリビングが、最強のゲームセンターに変わる瞬間を目の当たりに！

・追加コストなし
・無限に遊べる
・家族からの苦言も解消

（D）「これがない生活なんて考えられない！」
「昨日は息子と夢中で遊びました！」

「お友だちが来る度に、このゲーム機で盛り上がっています！」

多くの熱狂的クレーンゲームファンが絶賛。一度の購入で、ゲームセンターに何千円も使っていた日々とはおさらば。しかも今なら、大人気「ちいくま」のオールキャラぬいぐるみ30個セットを無料でお届け！

このセットだけで、ゲームの楽しさが何倍にも！

（C）この家庭用クレーンゲーム機は、ゲームセンターと同じ臨場感、操作性、興奮を自宅で再現します。高品質な設計により、本格的なゲーム体験を可能にし、長時間の使用にも耐える耐久性を誇ります。さらに、購入後30日間の返金保証つき。完全にリスクフリーで試せるこのチャンスを手放す手はありません。

（A）在庫限り、大人気「ちいくま」のオールキャラぬいぐるみ30個セットつきでの提供は今だけ！

次のクリックで、あなたの遊びが無限に広がります。「今すぐ注文する」ボタンを押して、自宅での無限クレーンゲームライフをスタートしましょう！

この法則は「人の持つ欲望」をあおる型として、1920年頃から現代に至るまで使い続けられるほど効果的なものと言われています。

AIDCAの法則とは「Attention（注目）」「Interest（興味）」「Desire（欲求）」「Conviction（確信）」「Action（行動）」の頭文字です。

最初にターゲットの欲望を端的に記載し、消費者の注意を引きます。魅力的なビジュアルや衝撃的な統計、潜在的な欲望の言語化など、興味を持たせます。

次に、商材の特徴、利点、使用例などを詳しく説明し、欲しくなるよう刺激します。

さらに「Desire（欲求）」の段階で、単なる興味を具体的な欲望に変えます。商材が消費者の問題をどのように解決するか、価値は何かを強調します。手に入れた後のイメージ（写真や映像）や顧客の声なども使われます。

読み手の躊躇や不安を「Conviction（確信）」の段階で取り除き、ここで最後の疑念を払拭《ふっしょく》します。最後は具体的な行動を促すあおりを入れて、行動に移させるのです。

正直、快楽助長型は人の欲望を刺激するだけに、かなり揺さぶられます。長年、型が変わらなくても効果が出るのもうなずけるでしょう。

◉不安や欲望ではなく共感に特化した「Self Us Now」

最後に、現代的なアプローチの方法を紹介しておきます。

（S）私の過去は、多くの人には想像もつかないほど壮絶なものでした。

若いころは、突然の両親の死に直面し、孤独と絶望の中で生きていました。両親が残した膨大な借金のため、私は借金取りから逃げる毎日を送り、そのストレスが原因で病気にも苦しみました。

しかし、そんな私の人生が180度変わったのは、金運上昇のブレスレットと出会ってからです。

このブレスレットを身につけ始めた日から、まるで運命が動き出したかのように、次々とよいことが起こりました。借金が順調に返済できるようになり、新たな仕事のチャンスも舞い込んできました。

心に余裕が生まれ、健康も回復し、人生に希望を感じるようになりました。

（U）これは私だけの話ではありません。

今、日本は未曽有《みぞう》の経済的困難に直面しています。物価は上昇し続け、円安も加速、GDPは低下し、税金は増加の一途をたどっています。私たち一人一人が、金銭的なプレッシャーに押しつぶされそうになっているのです。

ですが、私たちには希望があります。今こそ、この金運上昇ブレスレットを共に手にし、私のように人生を好転させましょう。私たちの未来は、まだ決まったわけではありません。私たちの行動一つで、大きく変わるのです。

（N）私たちはただ生きているだけではなく、共に何か意味あることを成し遂げる力があります。この金運上昇ブレスレットは、私たち一人一人に希望と変化をもたらすきっかけとなります。私たちはこのきっかけを共有し、連帯しながら全員で大きな変化を起こさなければなりません。

今日から、みなさんと私は、同じ船に乗ります。私たちの小さな行動が大きな波を起こし、それがすべての人々の人生に、ポジティブな変化をもたらすことができるのです。私たちの絆が、私たちの力が、私たちの未来を形づくります。

ぜひ参加してください。この金運上昇ブレスレットを多くの人に届けることで、一緒に大きな日本の変化を起こしましょう。

この世界の明るい未来への変貌という奇跡を起こすために、今、私たち全員で行動を起こすのです。一緒に、もっと大きな未来を築き上げましょう！


この手法は、選挙や寄付、クラウドファンディング、何らかの応援や信者を集める際に用いられます。まさに現代的な「共感」を意識した手法と言えます。

「Self（自分は何者か）」を語る際には、過去から現在まで共感を誘うエピソードが盛り込まれます。

そこから「Us（私たちに）」で、自らのエピソードはあなたたち（聴き手や読み手）にも該当することを意識させ、共通点を感じさせて、仲間意識を持たせます。

最後に「Now（今すぐ）」で、共感してもらった後に、今しなければならないことすべきことを伝えていきます。

ようは、発信者のお願いをドラマティックに運命的に感じさせ、共感しながら行動を取らせようという手法です。

こちらも、種明かしをするとなかなかエグい手法ですが、実際に選挙、寄付、クラウドファンディングなどで多く用いられています。

最近は、ストーリーとして訴えるプレゼンやCM、PR、SNSでの巻き込みなどにも用いられているので、うまく操られないように知っておきたい型です。

第４章のまとめ

①搾取ビジネスのカモには「情報弱者」と「意識高い系」がなりやすい

②必要以上に「乗り遅れたくない層」や「時代の最先端に居たがる人」は〝カモネギ〟状態

③情報は複数箇所から取って、ネットだけに頼らない

④人はいろんな思い込みや先入観などから、誤った判断をしてしまう。「自分は大丈夫」と思い込まない

⑤「自分は知らない」という自覚が「調べる」という癖につながる

⑥搾取ビジネスに関する情報は、受信者より発信者のほうがテクニック的にすぐれている

⑦「不安・悩み」につけ込む型、快楽助長型を知っておこう。知っておけば防げる

⑧近年は共感特化型の搾取ビジネスが増えている。仲間意識を持たせてくるので要注意！

第5章

最強の戦略をあなたに！
ビジネス防御完全マニュアル

至るところに「搾取ビジネスの危険因子」がある

◉「集団浅慮（グループシンク）」に陥ると……

本書をここまで読んで、搾取ビジネスの脅威を感じ、狡猾な手口に惑わされない方法がわかっていただけたと思います。

繰り返しになりますが、罠にかからないために重要なことは「情報収集」です。

人間は誰しも「自分は大丈夫」「わかっている」「できる」と自身を過大評価する傾向にあります。しかし、実際は大丈夫でないことが往々にしてあるのです。

生まれてから今日に至るまで、人間は気づかないうちに、多くの他者から恩恵を受けて、豊かに生きることができています。それは、本来「不十分な知識や技術」しか持たない人間が、無意識に互いを補い合って生活しているからです。

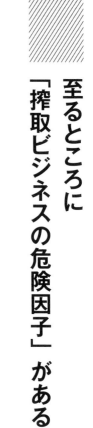

ですが、日常でそんなことを意識することは、まずありません。我々が自らの知識を過信し「様々な仕組みを理解している」と仮定して生きているからです。

家の蛇口をひねって出てくる水を「お腹を壊すかもしれない」と疑う人はいないでしょうし、家の外を出て「誰かに攻撃されるかもしれない」とか「道路や建物が崩れるかもしれない」なんて考える人はいません。

それは（詳細は知らないけど）世の中の法律だとか、何らかの技術など衣食住すべての事柄を「大丈夫なはずだ」と経験則で仮定して生きているからです。

しかし、インターネットやSNSが普及し、情報化社会が加速する中、困ったことが起きています。

膨大な情報に囲まれ、脳の処理が追いつかない中、自分にとって都合のよい情報だけを見聞きしようとすることや（確証バイアス）、平常心を保つため、過度に悪い状況と判断しないようにする「正常性バイアス」が、悪いように作用することがあります。

自らにとって（一見）都合のよいことを言う人たちばかりで集まったり、反対に自分の考えにそぐわない人たちを、過度に攻撃したりするといった悪影響が生じるのです。

このような集団やコミュニティに染まる中、自らの「不知の自覚」ができなくなる状態を「集団浅慮（グループシンク）」と言います。

そして、この状態に陥ると、物事の判断が鈍るだけではなく同調圧力などによって、平常時ならおこなわないような不適切な行動を取ってしまうことがあります。

つまり、よかれと思って属している集団や、コミュニティの正体が「搾取ビジネスの巣窟」であった場合、知らないうちに自らも搾取に加担する危険性があるのです。

◉なぜ搾取ビジネスを「する側」に回ってしまうのか？

知らないうちに搾取側に回るケースは、主に「よかれと思って」周辺に薦めていた商材やビジネスモデルが、じつは搾取ビジネスに加担していたという無自覚なものです。

これはまだマシなほうで、搾取ビジネスの怖いところは「知らないうちに」ではなく、意図的に搾取側に回ろうとする人も少なからずいます。搾取ビジネスは、これまでもお伝えしたように、オイシイ話で人を集めて提供元が儲かるようにできています。

つまり、一見「稼ぐ方法」や「成功法則」と標榜されていても、実際に稼いでいるのは提供側であって、その商品なりサービスなりの購入側ではありません。

たしかに、購入側も一部はうまくいくことはあるでしょうが、それはたまたまであって、そこに提供されたものとの明確な関係がないこともお伝えしました。

そうすると言うまでもなく、購入者側にも「提供側に回らなければダメなんだ」ということに気づく人が出てきます。

するとどうでしょうか。**今まで提供されてきた商材は、そのまま搾取ビジネスに取り組むための教材と考えることもできます。**

こういう被害者から搾取側への転換は、もともと「稼げる」や「成功する」などとオイシイ話で惑わされた人ほど、陥りやすいと言えます。

たしかに、自分が見事にハマってしまった反面、言い換えれば比較的ラクに稼げる仕組みに見えますし、魅力的にも映るでしょう。

しかし、搾取ビジネスに手を染めると、なかなか後戻りすることができません。

さらに、こういうビジネスは一見、稼げるように見えますが、長続きできる仕組みではありません。堅実なアリ型のビジネスや、特異な能力を前提としたキリギリス型ビジネスと異なり、**実績や人的資産などが蓄えられていくものではない**のです。

やがて、自らの破綻につながりますし、場合によっては社会的な制裁や法的なペナルティを負うことにもなります。

もし、搾取ビジネスの被害にあったとしても、それを別のところで転用するのではなく、教訓にして、本章で説明していく、地に足を着けたビジネスの輝かせ方を実践していただきたく思っています。

そのためには「稼げる」「成功する」などに対する自らの「欲望」のコントロールが必要なのです。

◉「プライド」と「コンプレックス」をコントロールせよ

第1章で、人間には物事を「見る、考える、判断する」といった場面で「客観的な視点が強い人」と「主観的な視点が強い人」に分かれることを説明しました。

さらに、搾取ビジネスにハマってしまう傾向として、客観的視点が強く影響することもお伝えしました。

ここでは、ビジネス防御力を上げるために、人間の欲望における「客観」「主観」の関係を考えていきます。

商品を買ったり、サービスを利用したりする際に、どうしても切っても切れないものが「プライド」です（これは「見栄」とも表現できます）。

たとえば、とても気になる商品があり「あと5000円安かったら買うのに」と思っていても、なかなか伝えられないのはプライドが原因だったりします。

反対に、何かセールスされた際「いらない」と思ってもプライドが邪魔して、きっぱり断ることができないこともあります。

プライド自体は、それを持って仕事などに取り組めば、非常に高い成果を出せることがあります。すなわち、プライドはプラスにもなることもあれば、マイナスになることもある非常にやっかいな存在と言えます。

そこで、この厄介なプライドを「客観的視点」と「主観的視点」から、キッチリ理解しておく必要があります。

プライドとは「承認欲求」という、人間の「欲望」から生み出されます。

ルーク・バージスの『欲望の見つけ方』（早川書房）によれば、人が持つ欲望のうち、9割が誰かの模倣により生み出されると言います。

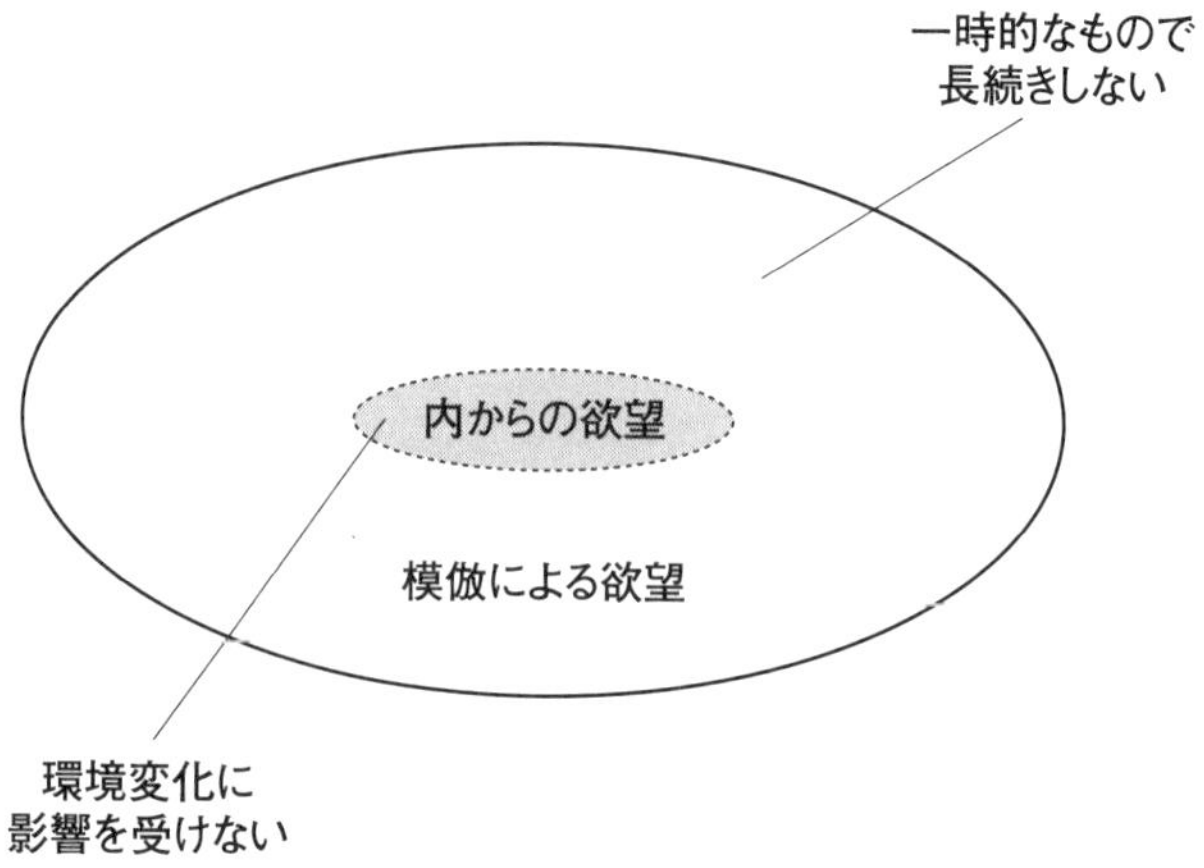

これはつまり、客観的視点から生み出される欲望です。この欲望により「(みんなが欲しがる)いいものを持ってると思われたい」とか「(あこがれのあの人も持ってる)高いステータスの人だと思われたい」といった欲望を解消し、プライドを満たそうとします。

ですが、ルーク・バージスによれば、**これら客観的視点の欲望は一時の衝動によるもので長続きしない**のです。

一方で、残り1割の主観的視点から生み出される欲望は、自分の内面から湧き上がります。この欲望は、変化し続ける環境にも影響せず、幸せな気分が長続きするとされています。

無意識のままだと、承認欲求も9割が客観的要素で長続きせず、長続きする自己承認欲求が1割程度しかないということです。

「他人から認められたい」という欲求は客観的承認欲求であり、「自分で自分を認めたい」という欲求は主観的承認欲求です。

承認欲求は、自らが抱える「コンプレックス」を克服するために生じています。

コンプレックスとは、自らが自覚している「欠点」です。

他者に欠点を隠すことで、他者からの評価を高くすることが客観的承認欲求に結びつき、自らの欠点を克服することが主観的承認欲求に結びつくのです。

冷静に考えれば、他者からの評価なんて人によって基準が異なりますし、時代や環境によっても基準は変わります。

ですから、他人を追随する客観的視点の欲望に惑わされず、自分の内面から出てくる主観的欲望追求を1割以上に広げていくほうが人生は安定して長続きします。

そのためにも、**プライドやコンプレックスをコントロールすることが大事**です。

「成功したい」や「稼ぎたい」といった客観的承認欲求ではなく「自分らしく、こうありたい」とか「自分らしさを発揮したい」という主観的承認欲求にシフトするほうが、幸せに近づけるはずです。

◉刷り込みに惑わされず良好な信頼を築く

現在、世にある多くの成功哲学や自己啓発の類は、客観的承認欲求を刺激するものと、過度に主観的承認欲求を尊重するものに大別されます。

「客観的承認欲求を刺激する」とは、具体的には「稼げる」や「出世する」といったものですが、これらには「競争」がつきまといます。

つまり、搾取とまではいかなくとも、何らかの他者の犠牲の上に成り立つものです。

一方で、過度に主観的承認欲求を尊重するのは「自分探し」や「居場所探し」などになりますが、これらは競争に対して「自衛」や「離脱」と言えるでしょう。こうなると、競争のような犠牲者は出ませんが、生産性や社会性の点で不安が生じます。

また、これらは奇しくも第4章で取り上げたように、搾取ビジネスにハマりやすい要素にもなります。

客観的承認欲求の刺激は「情報弱者」があおられやすく、主観的承認欲求の尊重は「意識高い系」と親和性が高いのです。

そのため、成功哲学や自己啓発の刷り込みに惑わされずに、客観的承認欲求と主観的承認欲求とはバランスよく向き合うべきです。

つまり「自分らしく、こうありたい」や「自分らしさを発揮したい」という自己承認を大切にしつつ、他者も大切にするという互いの承認欲求を尊重し合う関係を築くことが理想です。

前作『できる社長の対人関係』では、これを互いの「特性（クセの強さ）」を理解し、それぞれの色と形を活かす最善・最適な組み合わせを築く「ブロック玩具型対人関係」と称していました。

他者の形に合わせるパズルのような組み合わせではなく、自らの形を活かしつつも、互いの特性の活かし方を踏まえて、自由な完成形を目指す方法です。

こうすることで「競争」から「共創」になり「自分探し」から「自分づくり」になります。

これを、さらに人間関係として発展させれば、互いの特性を活かし合う者同士で「共創」する「組織づくり」とすることもできます。これを僕は「ブロックチェーン型人間関係」と名づけています。

実際、近年このような組織のあり方が注目されており、分散型自律組織「DAO(Decentralized Autonomous Organization)」と呼ばれています。

このような人同士の関係性は、他者を地位や収入、所属、肩書などで判断するのではなく、信頼構築をもとにでき上がっています。それぞれが、自らの自己承認欲求を尊重しつつも、他者を思いやるという信頼によってつながる新しい人間関係です。

日ごろから、他者とこのような関係性を築くことを意識していれば、搾取を目的とした輩の入り込めない安全性の高い人間関係構築を実現できることでしょう。

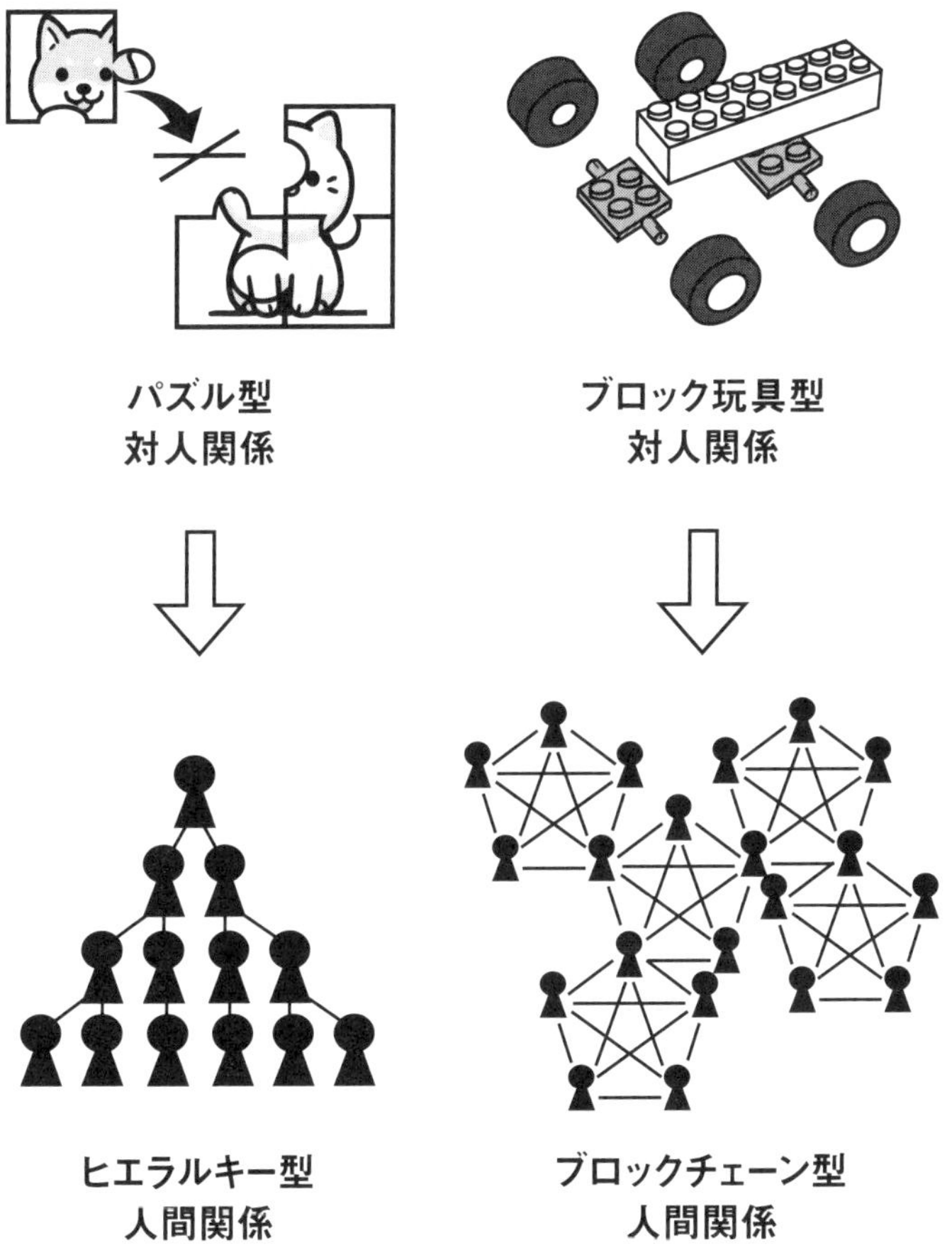
パズル型
対人関係
ブロック玩具型
対人関係
ヒエラルキー型
人間関係
ブロックチェーン型
人間関係

「クセつよに生きる」とはどういうことか？

◉アリ型でも、キリギリス型でもない生き方

それでは、お互いの自己承認欲求を尊重し合う関係性を築くためには、アリ型とキリギリス型、どちらが向いているのでしょうか？

これまで本書で述べてきたように、今までの社会では、アリ型とキリギリス型の比率は大半アリ型で成立していました。アリ型は大衆受けするマジョリティで、キリギリス型は特定層に向けたマイノリティです。

今までの日本は、ヒエラルキー型の社会構造が基盤となっていました。つまり、**アリ型は主流ではあるものの没個性的な生き方に終始し、逆に特異な能力と素養で生きていくキリギリス型は、主流にはなれない構造**でした。

しかし、インターネットが当たり前となって、スマートフォンが普及し、SNSやプラットフォームなどが張り巡らされるようになった今、状況が変わりつつあります。特異性を発揮するキリギリス型とまではいかずとも、決して「ヒエラルキー（階層）」の中で、画一的・標準的なアリ型としても生きない道がひらけました。

つまり、各々が「自分らしく、こうありたい」や「自分らしさを発揮したい」を重視し、輝いて生きることができるようになったのです。

これが、本書の提唱する「クセつよ」という生き方です。

自らが持って生まれた「特性（クセつよ）」を最大限発揮しつつも、他者のクセと自らのクセの相性を考えて、互いを活かせる関係性を見つける生き方です。

そこには「他者からどう見られる」「他者からどう評価される」「他者からうらやましがられる」といった「外にある判断基準」に惑わされることはありません。

一方で、他者を犠牲にすることはなく、他者をカモにして搾取する必要もありません。

多様化された価値観の時代、細分化されたニーズを持った者同士が容易に知り合い、つながれるようになった現代だからこそ、選択できる生き方と言えます。

◉なぜ「こんなはずじゃない」人生なのか？

「クセつよ」な生き方を提唱すると「いやいや、最初から、それができたら苦労しないよ」と思う人も多いでしょう。

キリギリス型のように、特異な能力を発揮することはできないから、人目を気にしたり、他者を追随したりして、画一的・標準的アリな生き方を選択していると考える人もいると思います。

でも、本当は「自分らしく、こうありたい」し、さらに「自分らしさを発揮したい」とも思っているかもしれません。しかし、厳しいことを言えば、だからダメなのです。

生きたいように生きられない「こんなはずじゃない」原因について、ハッキリと書いておきます。ビジネスを進める場面や、プライベートで「自分らしさ」を考える場合、視点は二つしかありません。「主観的視点」と「客観的視点」です。

二つの視点は、もっと詳細に考えれば、客観的視点で「需要の広さ」と、主観的視点で自分の「こだわりの深さ」で考えることが可能です。

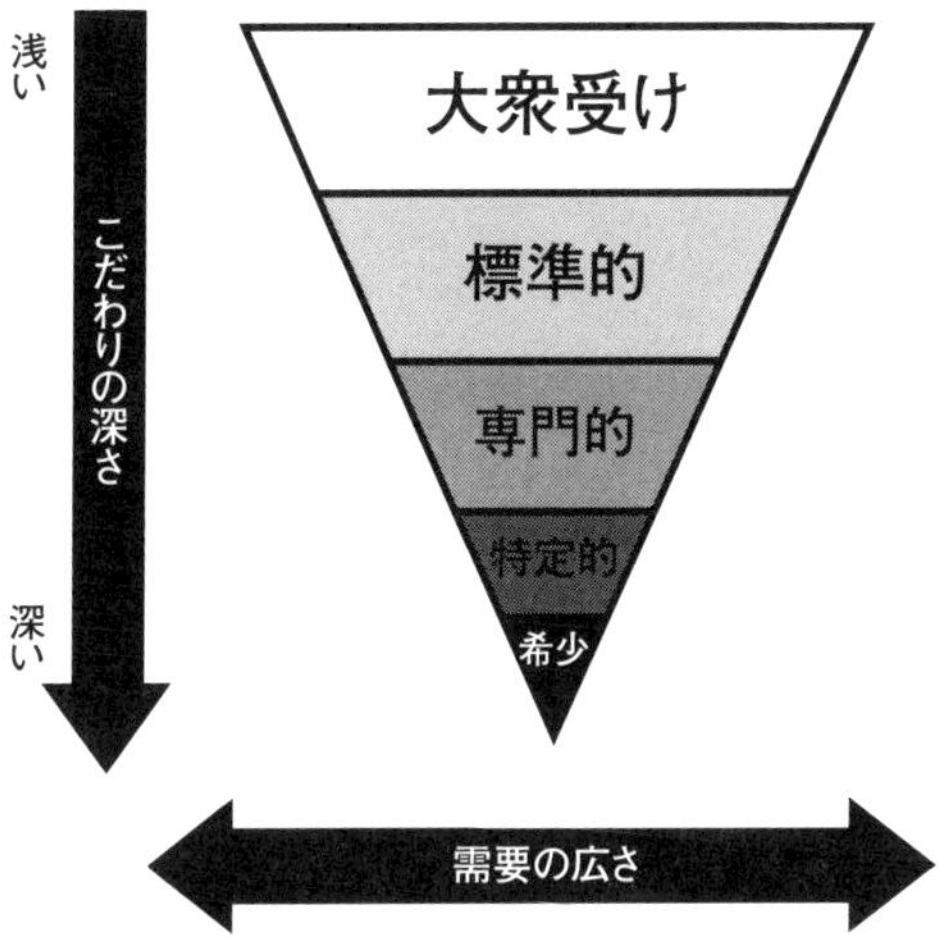

自分のビジネスや、自分自身の存在が「需要が広い」つまり、多くの人に受け入れられる場合、それは「こだわりが浅い」ことになりがちです。反対に「こだわりが深い」ものは、多くの人に理解してもらえないので「需要が狭くなる」ことになります。

つまり、人目を気にし「たくさんの人に受け入れてほしい」とか「みんなから好かれたい」と思って生きれば、浅く生きることを自ら選択していることになります。

浅い商材、浅い特性では、他者に強烈なインパクトを与えることはできません。必然的に自分の発信であれ、自分の存在であれ、誰かに深く刺さらないのです。

これはビジネスをしていてもそうですし、会社やコミュニティの中で他者に与える影響や、ＳＮＳにおける発信、投稿などすべてにおいて言えることです。浅ければ、多くの理解を得られますが突出することもできません。

反対に、どのような分野でも、強くインパクトに残り、注目される人や商品というものがあります。これは「こだわりが深い」からです。深いからこそ、刺さります。

この場合、本来的には広くは受け入れられないはずです。矛盾して聞こえるかもしれませんが、インパクトが強烈で刺さる結果、話題になったり、支持者が増えたりして「バズる」ことはあります。しかし、それはあくまで「結果論」にすぎません。

こういう現象や結果だけを見て、表面的に真似をするなど、やみくもに「多くに支持される」ことを目指して後追いする人がいます。ですが、浅い位置にいる人には「バズったもの」の深さを理解できていないので、結果に結びつくことはありません。

表面的な「いいね」や「インプレッション」を得ることはできるでしょうが、これは一時的な他者承認であり、決して自己承認には結びつきません。

それどころか、搾取ビジネスのよいカモになることのほうが多いでしょう。

また、他人のバズったものは、単に希少性のあるキリギリス型だった可能性もあります。その場合、後追いすること自体が愚策であることも、すでに述べた通りです。価値観を外に置き、多くに理解してもらえる無難な生き方を目指すのであれば、それは浅い生き方として「自分らしく、こうありたい」とか、「自分らしさを発揮したい」ことはハナからあきらめるしかありません。

ですが、本書が推奨する「クセつよ」は、誰でも「自分らしく」生きる方法です。それは「深さを発揮する生き方」であり、大衆受けや標準的生き方を目指さないことでもあります。

「こんなはずじゃない」と思う最大の原因は、本来「水と油」の関係である「広く理解される」ことと「自分らしさを発揮したい」という矛盾に気づかずに、周囲の声に振り回されていたことが原因なのです。

◉まわりじゃない。自分がどう思うかで決めるべき

「クセつよ」で、最も重要なのは「周囲の判断基準に振り回されず」「深くこだわり続けること」です。

お互いの持って生まれた色や形を活かし合う同士を見つけ、尊重し合う関係をつくるためには、自分が持って生まれた性質や個性を育て深みを与える必要があります。

行動遺伝学から導かれた『遺伝子の不都合な真実』（筑摩書房）という本の中で、著者の安藤寿康さんは人間に関する衝撃的な事実を述べています。

この本の中では、同じ環境で育った一卵性双生児と二卵性双生児を、詳細に比較研究する双生児法という研究の結果が紹介されています。

この研究によると、人間の能力の大半は、持って生まれた遺伝によって決定し、後天的な要素である環境や努力によって、能力の資質を大きく変えることはできないという事実が判明しました。つまり環境や努力は、先天的に有する特性を伸ばすことに費やすべきだとも言えます。

本書がここまで、くどいくらいに伝えてきた「判断基準を『外』に持つことの弊害」は、搾取ビジネスの被害にあうだけでなく、むしろ自らの成功からも遠ざかってしまう要因にもなるのです。搾取しようとする者が示すオイシイ話も、客観的承認欲求なども、本当に自分らしく生きたければ耳を貸すべきではありません。

ほとんどすべての正解は、自分の「内」にあります。

人間は真っ白なキャンバスを持って生まれてくるのではありません。他者が示す成功や夢を信じても、その通りに自由に絵は描けないのです。それは、彼らにとって都合のいい「絵」を描かされているにすぎません。

どうせ作品を完成させるのであれば、自分自身の持って生まれたダイヤモンドの原石を、自分らしさに沿った「彫刻」と見立てて、自分の思う通りに削り、磨いていくことが重要です。

それこそが、自らに深みを与え、持って生まれた特性を伸ばす成功への最短ルートであり、他者に惑わされることがなくなる「最大のビジネス防御術」なのです。

◉「目的」と「手段」をはき違えるな

「成功や夢を描かされている」と、まるで他者に押しつけられたかのような表現をすると、反発したくなる人も多いと思います。

どうして、このような言い方になるかと言えば、人間は往々にして「目的」と「手段」をはき違えてしまうからです。

たとえば、僕のまわりには「本を出版したい」と希望している人がたくさんいます。しかし仮に、その人が実際に本を出版できたとしても、思い描いていた「自分らしさの実現」という想いを叶えることができないケースがあります。そこでようやく「本を出版すること」が目的ではなかったことに気づくでしょう。

では、その人が本を出版したかったのは、何が目的だったのでしょうか？

人によって様々だと思いますが「有名になれるかも」だったのかもしれませんし、あるいは「自分の経験を多くの人に伝えて勇気を与えたい」だったのかもしれません。

では、どうして「有名になりたい」のかを考えると、今度は「影響力を持って、多くの人を巻き込んだ活動をしたい」のかもしれません。

すると、今度は「その活動とは何なのか」という具合に、自分の本当の目的を深掘りできるはずです。

このように、自分が行動している「目的」は、じつは目線を変えれば「手段の一つ」にすぎないことはよくあります。

ということは、本当の自分の「目的」を深掘りしていくことで「手段」のほうは、ほかにもたくさん選択肢をあげることができます。

自分の持って生まれた性質をしっかりと見定めた上で確立できていれば、手段なんて一つではなく、その時々で実行しやすいものを自分の意思で選択できるはずです。

そうすれば、いくら搾取目的に近づく輩がオイシイ話を振りまこうとも、そうそう簡単に惑わされませんし、相手にとって都合のよい絵を描かされることはないのです。

今、目の前に「出版」という手段の一つが提示されたとして、冷静に「自分の目的から考えれば、ほかにも○○とか、△△なども考えられるな」と向き合えます。

「地」か「人」かの属性を把握して、山か海を行け

◉「ヘリコプター思考」を捨てろ。一攫千金などない

「自分の目的は明確にわかっている」という人でも、さらに気をつけてほしいことがあります。それは、**自分に合った目的達成方法を堅実に取り組むこと**です。

とくに事業者で、搾取ビジネスに惑わされる人の多くは「短期間で成果が出る」と思っている人が圧倒的に多いです。僕は、このような「一攫千金」的な成功を追いかける人を「ヘリコプター」でいきなり山の頂上を目指す人」と表現しています。

ビジネスに限りませんが、あらゆる目的達成には、無理なく着実に戦略を進めることが重要です。

第1章で、人間が持って生まれた「特性（クセつよ）」を効果的に発揮できるベクトルが「天・地・人」3つの属性に分かれることをお伝えしました。

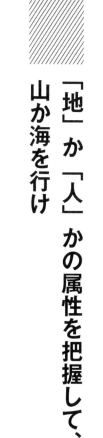

現実的にビジネスを育てるためには、この自分に合った進め方が不可欠です。

何も考えずにビジネスを始めても、多くの人が失敗に終わるという厳しい現実を直視しなければなりません。失敗を恐れずに、チャレンジする勇気を持つこと自体は素晴らしいですが、それには正しい準備をした上で、正しい進め方をすることが前提です。

まず「クセつよ診断」で自分のタイプを理解し、それを効果的に発揮できる属性にもとづいて戦略を練る必要があります。

「天」は天才、「地」は職人・プロフェッショナル、「人」は社交家や人たらしのイメージと紹介しましたが、現実的には「天」以外の属性から考えるのです。

「地（アナライズ）」属性の人は、地道に着実に「地に足をつける」ことで、自らのタイプの特性を効果的に高めることができます。決して簡単な成功や近道を求めるのではなく、現実を見据え、自分のペースで着実に努力を積み重ねることが重要です。

では、早速、ご自分の属性を確認してみましょう。次のキーワードのうち、二つ以上共感する人は「地（アナライズ）」属性である可能性が高いです。

【理論】成功や失敗、現象などを裏づける法則、筋道を立てて組み立てられた知識に魅力を感じる
【分析】根拠やデータ、エビデンスなどを調査・検討することが大事だと感じる
【経験】場数をこなすことや、ノウハウを蓄積することが非常に重要だと感じる

搾取ビジネス界隈でも、やたらと「起業」「独立」という言葉が用いられていますが、冷静に見ると、いい加減なものがたくさんあります。こういう輩は、やたらと「自分らしく生きよう」「自分の好きなことを仕事にしよう」などと口にしてきます。

そのようなオイシイ話に惑わされ、あるいは誤った起業や独立の考え方を刷り込まれ、困難な状況に陥る人が少なくありません。これらの言葉を餌にして人々を引き込み、他者の時間やお金を吸い取る輩が多数存在します。

「地（アナライズ）」属性の人にとって、とくに大事なのは、誘惑に負けず自分の軸をしっかり持つことです。その上で、地に足をつけ、山の裾から頂上を目指し、自分のタイプの特性をコツコツと伸ばすことが、結果的に大きな成果につながります。

この属性の人は、現実的なアドバイスをしてくれる人や、場合によっては「耳の痛い意見」を言ってくれる人を大切にするほうが、成功に近づきやすくなったりもします。

自分自身を正しく理解し、周囲の誘惑に流されず、確固たる計画のもとに進むことが「地（アナライズ）」属性における成功の鍵となります。

◉山が難しければ海を行け！

「地（アナライズ）」のベクトルを知ると「自分にはハードルが高すぎる」とか「そこまでガチにビジネスを進める自信がない」と感じた人もいるかもしれません。

そういう人は、独自にビジネスを回すことはできないのでしょうか。

「地（アナライズ）」のような「地に足をつける」ことが苦手な方は、誰かに雇われる会社員や公務員として生きる道しかないのでしょうか。

もちろん、そんなことはありません。ビジネスは必ずしも「コツコツと山の頂上を目指す」だけではないのです。山がダメなら海を行く方法があります。

船で航海をする際に重要なのは、一人の秀でた能力ではなく、人の集まりによる総合力です。

一人ではとてもできないようなことを、多くのまわりの力に助けてもらい、あわせて自らもまわりに貢献することで、目的を実現することもできるのです。

第1章でも説明しましたが、これは必ずしもクセつよ診断の「マネージャータイプ」や「アンバサダータイプ」に限らず、どのタイプでも「人（アンサンブル）」属性の人は、外部人材との連携や関係性を活かし、自らのタイプの特性を効果的に高められます。

次のキーワードのうち、二つ以上共感する人は「人（アンサンブル）」属性である可能性が高いです。

【連携・提携】自分ではなく、他者の持つスキルや強みなどを見出すと、一緒に活動したくなる

【合作・共創】一つの目的に向かって、それぞれが知識や技術を持ち寄り、つくり上げることにワクワクする

【応援】他者の理念やポリシーに心を揺さぶられることがあり、互いを肯定し合う関係をつくることに胸が躍る

アフリカでは、よく**「速く行きたければ一人で進め、遠くまで行きたければみんなで進め」と言うそうですが、この「遠くまで行く」というのが、まさに「人（アンサンブル）」属性で成功するポイント**になります。

この属性の人がうまくいくコツは「自分はこれがしたい」とか「自分はこれができる」ということを積極的に発信することです。

同時に「他者にしてほしいこと、望むこと」とは何かを、つねに考えることです。搾取ビジネスのような、他者を自らの糧にする発想ではなく、関わるすべての人が恩恵を受ける関係性とは何かを前提に、ビジネスを構築することです。

また、価値観が偏ったり、特定の群れに巻き込まれたりしないように、自らの軸をしっかり持った上で、様々な業種やコミュニティを渡り歩くといいでしょう。一見、遠回りに見えるこれらの取り組みが、結果的に自分の目的を達成できる糧となるはずです。

◉登山や航海では得られない「空の世界」

ここまで書いた6種のキーワードがピンとこなかった人は、残念ながら「まったくビジネスに向いていない」可能性があります。

しかし、一方で「天（インプロ）」属性の人である可能性もあります。

これは山を登るのではなく、海を渡るのでもない、言わば空を飛ぶ生き方です。

僕はこれまで、1000人を超える経営者と事業創出をしてきました。大企業から中小はもちろん、老舗や外資、自分の祖父ほど歳の離れた方から新進気鋭の学生社長まで、それこそ幅広くおつき合いさせていただいております。

この経験から言うと、多くの経営者や事業者、つまりビジネスの世界で成果を出している人というのは「地（アナライズ）」属性か、「人（アンサンブル）」属性の人です。

そうでない人は、ビジネスそのものに向いていないか、本書で何度か登場した「埋蔵量が少ないことが価値」である「レアメタル」に当たる「天（インプロ）」属性の人です。

もし、そうであるならば、何人のあとも追わず、どのような理論や前例なども追わず、自らの直観や感性を信じ続けることが成果に結びつきます。

ただし、もし「天（インプロ）」属性の人であるならば、搾取ビジネスに惑わされることがそもそもありません。また少々厳しい意見ですが、すでに何らかの実績や成果が周辺から認められているはずです。

「天（インプロ）」属性で、うまくビジネス化できている人は、特殊な能力を持って生まれたキリギリスなのです。その人が持つ「希少性」に対して、対価を払ってでも欲しいと思われる状況が実現できているということです。

もし、すでに「何も深く考えず、直観や感覚に従っていただけで成果が出ています」という人は、そのまま自分を信じて進んでいただきたいです。

その際、集団やコミュニティから浮くことや、周囲の人から疎《うと》んじられることもあるでしょうが、まったく気にする必要はありません。

天（インプロ）属性の人は、搾取ビジネスの被害よりも、逆に能力を利用されることのほうが多いので、怪しい輩がすり寄ってきても相手にしないことが大事です。

◉空に憧れるより、自らの属性を最大化させよう

なお「地（アナライズ）」属性と「人（アンサンブル）」属性を含む、すべての「天（インプロ）」属性以外の人」は、ビジネスをする上で今後一切「天（インプロ）」属性の人を手本にしてはいけません。この属性の人を、ありがたがったり、推したりして尊重するのは構いませんが、自らのキャリアターゲットにすべきではありません。

身も蓋もない話ですが、これまで「何も深く考えず直観や感覚に従って挑戦」しても、成果が出ていないのであれば、周辺のオイシイ話に惑わされず、自らの「特性（クセつよ）」をしっかり見つめ直して「地（アナライズ）」属性か、「人（アンサンブル）」属性のベクトルに沿って地道にキャリア形成しなければなりません。

次ページに用意した図を参考に、自らの特性を最大化させることを考えましょう。

本書で繰り返しお伝えしてきましたが、判断基準を「外」に持ってはいけません。

そんなものに振り回されなくても、誰でも充分に輝くことは可能です。

周辺の価値観に振り回されて、自ら持って生まれた「特性（クセつよ）」を活かさず、むしろ潰している人を見るたびに、僕は「みにくいアヒルの子」を思い出します。

自らを「アヒルの子」と思い込み、無理に周囲に合わそうとするけど、違和感を覚えながら旅を続け成長していく童話です。最終的に、みにくいアヒルの子は、本当はアヒルではなく白鳥であることに気づき、本当の白鳥の仲間に出会います。

本当に自分を活かす生き方は、客観的な価値観の中には見つかりません。最初から持って生まれた主観的な価値観の中にあります。

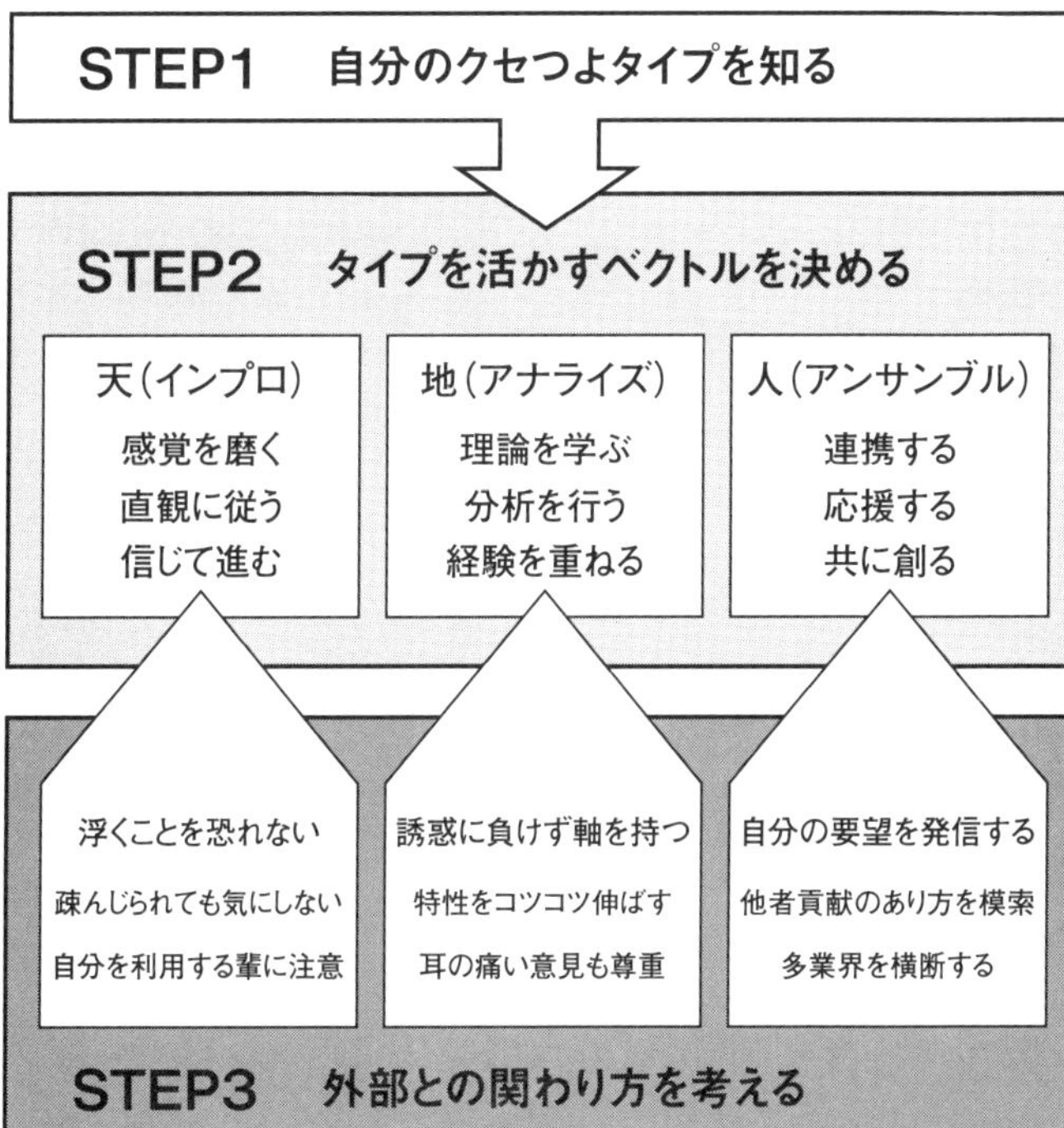
STEP1　自分のクセつよタイプを知る
STEP2　タイプを活かすベクトルを決める
天（インプロ）
感覚を磨く
直観に従う
信じて進む
地（アナライズ）
理論を学ぶ
分析を行う
経験を重ねる
人（アンサンブル）
連携する
応援する
共に創る
浮くことを恐れない
疎んじられても気にしない
自分を利用する輩に注意
誘惑に負けず軸を持つ
特性をコツコツ伸ばす
耳の痛い意見も尊重
自分の要望を発信する
他者貢献のあり方を模索
多業界を横断する
STEP3　外部との関わり方を考える

自らのタイプと属性を最大化する「クセつよな生き方」は、自分軸や価値観のモノサシを自分の中にしっかりとつくり、他者と自分を比較することをやめることです。

多くの人が「みにくいアヒルの子」のように、外部からたくさんの「幸せ」や「成功」の定義や基準を刷り込まれてきています。

しかしクセつよ診断をすることで、自分でも言語化してこなかった「価値観」がわかります。その価値観は本来、最も無理なく自分を活かすことができる要素です。

その「要素」を最大限活かすために（一見遠回りに思えるかもしれませんが）地道かつ着実に「地（アナライズ）」属性か「人（アンサンブル）」属性のベクトルで伸ばしていきましょう。

自らの特性を活かし、最強の「ビジネス防御戦略」を立てる

◉階層の下に行けば行くほど戦略は明白

それでは、本書でこれまでお伝えしてきたことをまとめて、搾取ビジネスに惑わされず、自らが輝くルートを決める「ビジネス防御戦略」の立て方をお伝えします。

なお、ここで戦略を立てるのは、あくまでアリ型の人が自分のタイプと属性を活かした「クセつよ型」にシフトする戦略です。繰り返しますが「天（インプロ）」属性を活かしたキリギリス型の人は、そのまま自分を信じて進んでいきましょう。

【①客観的価値を知る】

クセつよ診断の結果、どのタイプであったとしても、次の手順を使って、自分がビジネスに取り入れたい商材や人生の達成目標を導きます。

まず、これまでの人生を振り返って「他者から求められたこと」を列挙します。なかなか思いつかない人は、次の文章をヒントになるべくたくさんあげてください。

・子どものころや仕事をしたとき、家族や同僚から感謝されたり褒められたこと
・これまでの趣味、仕事、学習などで得た知識、経験を「○○力」と記載
・誰かの悩みや困りごとを解決したり、不安を取り除けること
・これまでの受賞歴、取得資格、就いた役職、職歴、作品などの実績を動詞で表現（絵が入賞したのなら「絵が描ける」。営業職なら「人に商材を売り込める」など）

【②主観的価値を明確化する】

①で列挙した「他者から求められたこと」を「やりたいこと」と「やりたくないこと」の枠にそれぞれ振り分けてください。

この際、客観的な価値を完全に考慮せず、振り分けるのがコツです。たとえば「喜んでもらえるからやりたい」「評価されるからやりたい」「褒められるからやりたい」といったものは、ここでは主観的価値にもとづいた「やりたいこと」ではありません。

言い換えれば「お金をもらえなくてもやりたい」「仕事をそっちのけにしてでもやりたい」くらいの気持ちでやりたいことが、主観的価値にもとづく「やりたいこと」です。

【③主観的価値の深さを導く】

②で列挙した「求められていること」で「やりたいこと」は、自分のタイプと属性を活かした「クセつよ型」ビジネスをおこなうため、その軸になる可能性を秘めたダイヤモンドの原石です。この原石に、どれだけの熱量を注げるかがポイントになります。

列挙した「求められていること」で「やりたいこと」すべてについて、次の観点から「こだわりの深さ」を点数づけしてください。

・取り組みについて「わかりにくい」と言われてもレベルを下げたくない
・あげたことをさせてもらえるなら、お金を支出することも厭《いと》わない
・仕事で忙しかったり、疲れていたりしても、毎日取り組みたい（考えたい）
・このテーマだけに絞って、同属の人と議論したい
・このことについて「何がいいかわからない」と言われても気にならない

マスタータイプ	+5点
クリエイタータイプ	+5点
アレンジャータイプ	+3点
イノベータータイプ	+3点
アンバサダータイプ	+2点
マネージャータイプ	+1点

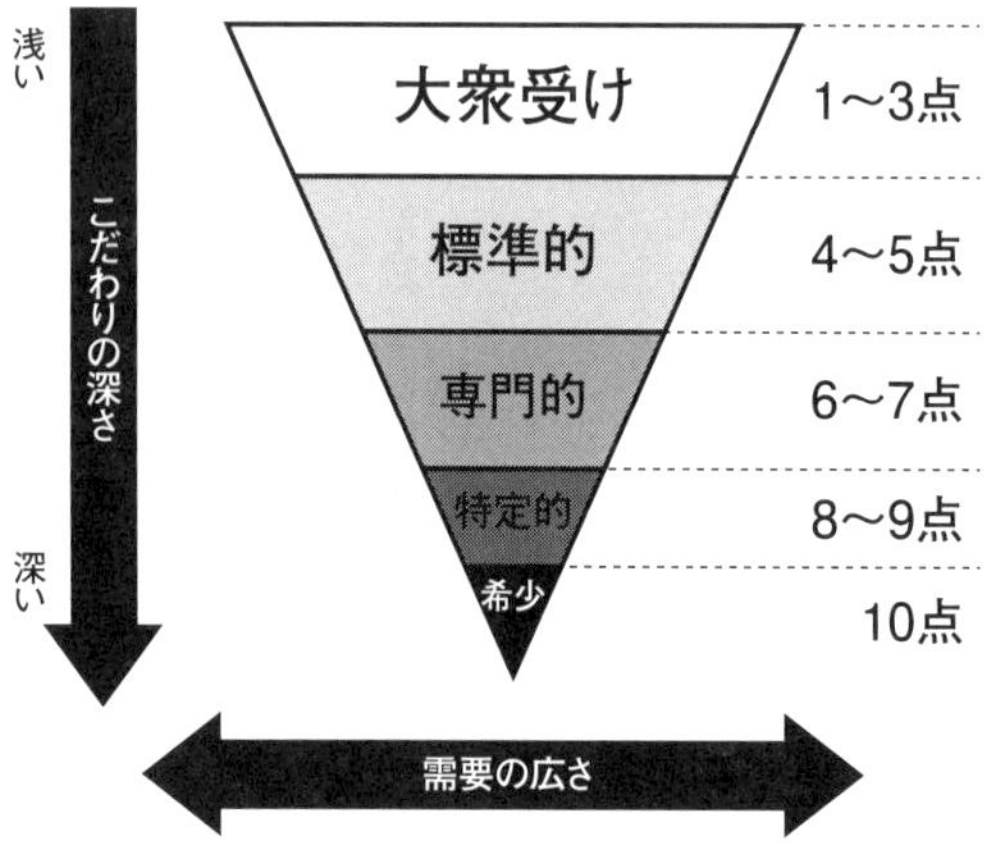

点数は各1点で5点満点中、何点該当するかをつけていきます。

【④「クセつよタイプ」と掛け合わせる】

③で点数づけしたそれぞれの「求められていること」で「やりたいこと」は、クセつよタイプごとに「需要の広さ」が異なります。上の図を参考に、算出した点数にタイプごとの点数を加えて、図のどの位置になるかを確認してください。

◉自分に合った戦略で我が身を守れ

さて、自分の「こだわりの深さ」と「需要の広さ」は、どの位置になったでしょうか。それぞれの階層ごとに**【⑤戦略を考える】**ヒントを解説していきます。

【希少階層のビジネス戦略】

この階層の人は、これまで大衆受けするような経験は少なかったかもしれません。また、すでにかなりの「クセつよ型」の生き方をされていることでしょう。

ビジネス防御術の観点では、よほどのことがない限り、オイシイ話に惑わされることはないかもしれませんが、自分の「やりたいこと」に関する明確な「悩みや不安」を抱えるときには注意が必要です。

これからのビジネス戦略としては、基本的には現状のまま特性を伸ばすべきですが、各タイプによってそれぞれの理解者が異なります。

マスタータイプやクリエイタータイプの人で、なかなか成果が出ていない場合は、マネージャータイプか、アンバサダータイプの理解者を得る必要があります。

アレンジャータイプ、イノベータータイプの場合は、周辺から理解が得られる可能性が低いかもしれませんが、自分と同じタイプか、自分のタイプと相性のいい隣り合ったタイプの中に価値観の近い人がいれば、キーパーソンにできる可能性はあります。

ベクトルとしては「地（アナライズ）」属性の人が多い階層ですが、もし自分が「人（アンサンブル）」属性だと感じている場合は、まずは自分ではなく、他者を成功させるために全力を注いでみるのも手です。

その行動が結果的に自分にプラスとなることがあります。

【特定的階層のビジネス戦略】

特定的階層は、平均的な「クセつよ型」の生き方をされている人が多い層と考えています。とくに、マスタータイプ、アレンジャータイプ、クリエイタータイプ、イノベータータイプが多い印象です。

ビジネス防御術の観点では、もともと判断基準が「外」よりも「内」にある人が多いので、気づかないうちに搾取ビジネスの波にのまれている、というケースは少ないと言えます。

したがって、**ルーティンワークによる思考停止状態に陥ったとき、不安・悩みを抱えているとき、状況変化のあるときなど、油断した際につけ込まれないように、本書のビジネス防御術を実践**していただければ充分でしょう。

これからのビジネス戦略ですが、マスタータイプ、アレンジャータイプ、クリエイタータイプ、イノベータータイプは、まず、自分が持つ特性が、どのように（客観的に）市場で差別化され、求められるかを理解する必要があります。

たとえば、業界のトレンドや需要の調査です。自分の分野と同じ競合が、どのように市場で役立っているか、どんな切り口が受け入れられているのかを把握しましょう。

その上で、競合と比較し、自分の独自性を言語化して加えることが重要です。その際には、自分の特性や専門性を、他者が一言、二言で簡単に伝えられるものにするといいでしょう。

また、アンバサダータイプ、マネージャータイプは、タイプの特性として客観的視点の把握は得意なので、逆に「強い主観的観点を持つ」ということを意識してください。

生来的には主観的な願望はあるのに、他者の目線や評価を意識しすぎてしまうタイプなので、フラストレーションがたまっている可能性があります。

解決策としては「ビジネス用の別キャラ設定をつくって生きる」あるいは「完全に別のキャラクターによる発信をSNSなどで試してみる」といった方法を取り、**自分の資質と現在の価値観のズレを矯正するところから始めて**ください。

その上で、ベクトルが「地（アナライズ）」属性の人は、自らの知識、スキル、状況の客観視を強化しましょう。自分のおこなう行為や自分の生み出すアウトプットが、他者から見てどう映るかを、つねに考えてみるというトレーニングをするといいです。

ベクトルが「人（アンサンブル）」属性の人は、自らの独自性が他者にどのようなメリットを与えるかということと、自らの苦手なことや弱点を補う人はどのような人かを、つねに意識して人と向き合うことで、よい協力者を見つけやすくなります。

【専門的階層のビジネス戦略】

この階層の人は、本書であげた中でも、とくに「裏取り（情報収集）」のノウハウを徹底することで、かなり搾取ビジネスから身を守ることが可能です。

注意点は「成功」や「稼げる」「肩書」などのあおり耐性をつけることと、専門性が外部からも見えやすいので「一緒に仕事しましょう」系の誘いを受けやすいことです。

裏取りの結果、優良と考えられる相手ならよいのですが、自分軸のない「時間泥棒」や、搾取目的の輩だった場合は、断固として拒否する姿勢が必要です。

これからのビジネス戦略ですが、マスタータイプとクリエイタータイプは、比較的バランスのよい階層にいますので、すでにビジネス上の成果が目に見えて出ていると考えられます。特定的階層向けの解説でも書いた「自分の独自性の言語化」が、まだできてない場合は、それを意識することでさらに成果が出るはずです。

その他のタイプは、自分自身や自分の特性が、他者から見てどのように見えるのかを考えるトレーニングをするといいでしょう。具体的には、自らの活動や成果物が、どのような人、どのような場面で必要とされるのかを考えます。

次に、必要とされたのは、どのような基準や価値観にもとづいたものなのかを分析したり、ほかに選択肢はどのようなものがあったのか（あるいは実際に選ばれたのか）を考察します。

その上で、今後さらに選ばれるようにするためには、自らの活動や成果物をどのようにすればいいのかを考えるといいでしょう。すでに「地（アナライズ）」属性の人は、ここでお伝えしたヒントから、大きな飛躍の糸口に気づいたかもしれません。

反対に「人（アンサンブル）」属性の人は、ハードルが高いと感じたかもしれません。そのため、この属性の人は、ここに書いた自分自身や自分の特性が、他者から見てどのように見えるのかを、そのまま他者に指摘してもらうほうがうまくいきます。

また、その相手がアンバサダータイプやマネージャータイプの場合は、自らの発信やマーケティングのパートナーにできないか検討するのもいいでしょう。

【標準的階層のビジネス戦略】

本書で取り上げた指摘について、耳が痛いと感じる人が多い階層でしょう。

どのタイプであっても、この階層に該当するのであれば、つねに本書の各箇所で指摘した様々な搾取ビジネスに惑わされるリスクを有している階層です。

判断材料を「外」に持つことは危ない、権威性に騙されない、不安につけ込まれない、高価という指標だけでは信じないなど、幾多の注意点を肝に銘じておきましょう。

また、第3章でもお伝えしたように、集団やコミュニティの中では「人間関係が自分を救うことはないくらい」の心構えを持って過ごすことをお勧めします。

とくに、アンバサダータイプ、マネージャータイプ、イノベータータイプで、この階層になった人は、今の自分を取り巻く周辺の人やビジネス、商材などを、もう一度、冷静に振り返る必要があると言えます。

場合によっては、周囲の人間関係とは別の人たちに、自分がいる集団やコミュニティの様子や価値観を伝えてみて、違和感が生じないかを試す必要もあるでしょう。その集団・コミュニティは「シロアリの巣（コロニー）」かもしれません。

これからのビジネス戦略ですが、マスタータイプ、クリエイタータイプでこの階層になった人は「専門的階層」でお伝えしたことと同様に、バランスがよく、ビジネスでも成果を上げている人が多いと思います。

同様に、アレンジャータイプ、イノベータータイプで、この階層になった人も、比較的バランスよく、日常的にストレスがかからないビジネス展開ができているのではないでしょうか。

反対に、アンバサダータイプ、マネージャータイプで、この階層になった人は注意が必要です。

客観的承認欲求にもとづく活動に囚われている傾向が強く、時間やお金を費やすものが長続きせず、うまく成果に結びついていないのではないでしょうか？

本章で伝えてきたような主観的欲望、主観的承認欲求をもっと見つめて、周囲からの評価や視線を気にしない活動にチャレンジしてみてほしいものです。

もし、急にそのような活動をすることに抵抗があれば、先の「特定的階層」でも取り上げた「ビジネス用の別キャラ設定をつくって生きる」あるいは「完全に別キャラクターによる発信をSNSなどで試す」のも手です。

この階層では「人（アンサンブル）」属性が多いのも特徴ですが、そういう人は気づかないうちに、他者を振り回しているおそれもあります。

ですので「よかれ」と思っておこなっている「他者貢献」が、流動的であるとか、長続きしないとか、逆に執拗であるなどの理由で、相手に迷惑をかけていないかなども振り返ってみてください。

「地（アナライズ）」属性の場合は、一度自らの見出した独自性自体をしっかり分析、言語化するチャレンジをするといいでしょう。

この際、自分の思考や感情、行動を振り返ったりして、特定の状況でどのように感情が反応するか、どんな判断を下しているかなどを記録してみてください。

その上で、自分の思考パターンが、どのように自分の言動に影響を与えているかを理解してみてください。それから本書を読み返すと、様々な気づきがあると思います。

【大衆受け階層のビジネス戦略】

かなり危険な階層です。すでに過去に何度か、搾取ビジネスの被害にあっているはずですし、現在進行形であっていても不思議ではありません。

もし「あったことはない」と思われている場合、被害にすら気づいていない重度の可能性すらあります。ですので、まずは「気づくこと」から始めねばなりません。

たとえば、SNSが目安になる場合があります。第三者からしたらよくわからない人物を教祖のごとく崇《あが》めるような、異様な投稿をアップしていたり、有名人を用いているとはいえ、いかにも怪しげな広告をクリックしたりしていませんか？

自覚のないまま（信者の立場から）「崇拝投稿」をアップする、あるいは抵抗もなく「怪しい広告」をクリックしてしまうのが、この層なのです。

そのような方々に、お伝えしたいことは本書の全体の記述になりますので、ここでは反対に、どのような人が「自分らしく生きているか」を忌憚《きたん》なくお伝えします。

これまで、本書でお伝えしてきたこととも重複しますが「自分らしく生きる」人というのは、他者の期待や価値観に囚われず、自らの内面の声に耳を傾ける人です。

本質的な満足を追求するためには、他者からどう思われるか、どう評価されるかといったリスクを、ある程度は受け入れる必要があります。

具体的には、以下のようになります。

- **組織で浮くことを恐れない**
- **チヤホヤする、チヤホヤされることをよしとしない**
- **（人間関係を気にせず）違和感のある人とは距離を置く**
- **人を見た目や知名度で判断しない**

・多種多様な人とまんべんなく交流する
・譲れない自分のこだわりを持ち、それをしっかりと他者に伝える

逆に言うと、これらのことを実践できなければ、自分らしく生きるのは厳しいです。「クセつよな生き方」は、自らを輝かせ、自分に合う人をたくさん引き寄せることで大きな飛躍につなげる生き方ですが、それにはある程度の人づき合いの整理が必要です。そうすることで、自分にとって大切なものや目指すべき方向性が明確になります。

一時的につらい選択をすることもありますが、きっと前以上の強固な人とのつながりができるはずです。

どのタイプ、どの属性の人であっても、この階層に該当する人は、まずここでお伝えしたことを実践していただき、あらためて本書を振り返ってください。うまく実践できれば、次に本書を読むころには、きっとこの階層には該当しなくなっているでしょう。

◉ビジネス防御戦略に沿って「ブレない軸」を確立する

ビジネス防御で、最も問われるのは、自分の中に「軸」があるかないかです。

ビジネス防御力が高く、搾取ビジネスの被害にあわない人、そして「自分らしく生きる」を体現しつつ成果を出せる人は、結局のところ「ブレない軸」を持っているということです。

自分の価値判断が「外」にあると、オイシイ話や社会的な同調圧力によって自分らしさが損なわれがちです。一方で、自分の内部に確立された価値観に耳を傾けられれば、自分自身を守り、本来の「特性（クセつよ）」を発揮する基盤となります。

ダイヤモンドの生成過程を思い出してください。ダイヤモンドの原石は、高い圧力と温度のもとで成形されます。その素材は内部からの強さによって決まり、その輝きは外部にいる人達の光を反映させています。

それは決して「迎合」ではなく「調和」であるべきです。人が内部からの圧力（自己の意志や願望）に従って行動すれば、自分だけの価値を創出できます。

さらに、承認欲求のコントロールも重要です。

他人に認められたいという欲求ではなく、「自分がどうありたいか」という自分の内面から湧き出る軸を優先することが、人生の安定と持続的な幸福につながります。

外部の評価や他人の思惑に左右されず、自分自身の「特性（クセつよ）」を活かすことが、最も効果的なビジネスの構築法になります。

自分の内部に強い軸を持つことで、外部からの様々な影響と相乗効果を生み出し「ブロック玩具型対人関係」を「ブロックチェーン型人間関係」に発展させるのです。

本書でご紹介したことを意識し、自己実現に向けて邁進していただければ幸いです。

第5章のまとめ

①搾取ビジネスには、自分が「する側」に回ってしまうリスクもある

②客観的承認欲求、主観的承認欲求とはバランスよく向き合い、競争ではなく共創する自分・組織を目指す

③アリ型でも、キリギリス型でもない、自らの「特性（クセつよ）」を活かせる「クセつよ型」の生き方を目指そう

④クセつよ型は「周囲の判断基準に振り回されず」「深くこだわり続ける」ことが大事

⑤天性の才能で成功できる人は例外。理論・分析・経験など「地に足をつけた」方法か、連携・応援・合作など「人とのコラボ」で成功できる人が大半

⑥天才に憧れるのは構わないが、追随してはいけない。そこにつけ込む輩がいることを忘れるな

⑦搾取ビジネスにハマりやすい価値基準・タイプがある。大衆受けを狙おうとすればするほど危険

⑧価値判断を「外」に置かず、自分の軸を「中」に築いておけば、搾取ビジネスにつけ込まれることはない

おわりに

最後まで読んでいただき、ありがとうございます。

この本は、ビジネスに取り組む方や、人生で新たな一歩を踏み出そうとしている方が、最短距離で目標に近づくためには、どうすればいいのかを解き明かした本です。

そのわりには「搾取ビジネスに惑わされない」「自らを削っていく」「地道に着実に山を登る」など、随分と悠長なことを説いているなと思われたかもしれません。

しかし、**多くの成功している経営者と関わってきた経験から断言しますが、目標達成の最短ルートは、想像以上に地道かつ堅実に進んだ先にある**のです。

自動車で目的地に着くためには、つねにアクセルを目一杯に踏み込んで、ノンブレーキで走っても不可能なのと同じです。

飛ばしすぎず、ときには停まり、バックし、Uターンを駆使するほうが早く目的地に着くのです。

最近は「タイパ（タイムパフォーマンス）＝かけた時間に対する効果」や「生成ＡＩで効率化」などという文言を頻繁に耳にします。

しかしＡＩにより、ありとあらゆる情報や知識が統合化し、コモディティ化（均一化）するからこそ、本質的に人間にしか創出できない価値を最大化する必要があります。

それこそが、本書でテーマとしてきた「クセつよ（その人らしさや特性）」の濃度を高めることです。

この「クセつよ」は、本文にも書いたように、前作『できる社長の対人関係』で登場した概念です。

「クセつよ診断」による相手のタイプ分析自体は、僕が起業する前（じつはジャズギタリストをしていた）からおこなっていた方法で、初対面ですぐに相手と調和し、関係性をよくするメソッドでした（もちろん、当時は書籍の内容ほど明確な体系化はしていませんでした）。

あくまで、セッションをはじめ、交渉や営業、チームづくりなど「対人スキル」として生まれたものです。

ところが、前作の出版後「今まで抱えていた生き辛さの原因がわかった」「自分の取り組みを論理的に肯定できるようになった」「生きる勇気をもらえた」といった「クセつよ」の概念を自己分析に活用した声が多く寄せられました。

たしかに「人の価値観や行動原理を見える化する」ということを、自分自身におこなえば、自らの行動指針を定めたり、軌道修正したりすることに有意義です。

意義があるのであれば、この「クセつよ」を目標達成や自己実現に絞って再構成しよう、ということで執筆したのが本書です。

「『できる社長の対人関係』に続編を作るなら、次は交渉かチームづくり」なんて話も出ていたのですが、編集担当の丑久保和哉さんとお話しする中で、ご提案いただいたのが「ビジネス防御術」という視点です。

もともと前作は「つき合うと損する人、得する人を見分ける」という、ビジネス的には「矛《ほこ》」に相当するスキルです。

一方で、**目標達成や自己実現には、矛だけでなく「盾《たて》」が必要で「現在においては、場合によっては盾のほうが重要で矛にもなりえる」**という指摘に衝撃を受けました。

スタートがこういう具合ですから、本書は、前作以上に文字通り、二人三脚で作り上げた本と言えます。

実際「自己実現を阻んでいるのは、オイシイ話に惑わされること」「判断基準を外に持つとうまくいかない」「地に足をつけるべきなのに、間違ったキャリアターゲットを追随する」などは、前作の打ち合わせをしていたころから、よく話していた内容です。

手前味噌な表現になってしまいますが、本書こそ、まさに互いの「クセつよ」を組み合わせた「ブロック玩具型」の作品と言えます。

このように、編集担当の丑久保さんには、日ごろから素晴らしい着想や指摘をたくさんいただきました。

とくに**「心から騙されている人や、長く巣（コロニー）にいる人は、他人から指摘されても気づかないかもしれません。自分で気づくしかないのですから、そのためにもできる限りわかりやすく書いてください」**という助言は大いに参考になりました。

前作から1年、短期間に2作品もご一緒に本をつくらさせていただいたこと、心より感謝いたします。

また、丑久保さんにお引き合わせいただき、日ごろから優しく熱いご指導をくださっている石川和男さん、いつもありがとうございます。

僕がビジネスをするにあたり、たくさんの応援や刺激をくださっている岡崎かつひろさんをはじめ、井上玲子さん、大屋智浩さん、黒沢怜央さん、佐藤元さん、茂山千三郎さん、島本京司さん、中川達也さん、服部満さん、堀江隆史さん、横須賀輝尚さん、秀和システムのみなさん、クセつよＤＡＯのみなさん、法規制グループ顧問メンバーのみなさん、そしてここに書ききれない、日ごろから仲よくしてくださっているすべてのみなさんに、心から感謝いたします。

服部真和

本書をご購入いただいた方へ

下記のQRコードでアクセスしていただくと、簡単にタイプの分析結果を知り、他人との相性を測ることができる「クセつよ診断」Webサイトにアクセスできます。
左が対象人物を診断する際のQRコードで、右が第１章でもご紹介した自分を診断する際のものです。新たに知り合った人はもちろん、既知の友人知人とのコミュニケーションに役立ちますので、ぜひご活用ください。

クセつよ診断

セルフクセつよ診断

また、この本を読んで、少しでも僕に興味を持たれた方がおられましたら、下記のQRコードをお使いください。
経営者の方、経営者ではない方、みなさん大歓迎です！

公式LINE

服部真和オフィシャルSNS

【著者プロフィール】

服部真和（はっとり・まさかず）

1979年生まれ。京都府出身、中央大学法学部卒業。2009年に行政書士登録。現在、服部行政法務事務所、シドーコンサルティング株式会社、synclaw株式会社を経営。京都府行政書士会参与（元副会長）。日本行政書士会連合会デジタル推進本部委員（元理事）。事業者に対して、法規制のコンサルティングと行政手続を支援し、業界団体やプラットフォーマーと協力し各省庁や自治体への政策提言をおこなっている。これまで 大企業から外資系企業、IT企業、ベンチャー企業、老舗、プラットフォーマーなど1500を超える新規事業創出を支援し、1000人を超える経営者たちから信頼を得てきた。民泊トラブルなどに関し京都市からの要請を受け、民泊地域支援アドバイザーとして事業者と地域住民の調和の実現にも寄与。約300件の民泊案件に関わり、話し合いの合意率は100%を誇る。

主な著者に『できる社長の対人関係』（秀和システム）、『教養としての「行政法」入門』（日本実業出版社）など26冊の書籍を出版した。

■装丁　大場君人

できる社長《しゃちょう》のお金《かね》の守《まも》り方《かた》

オイシイ話《はなし》はなぜ稼《かせ》げないのか

発行日　2024年 7月29日　第1版第1刷

著　者　服部《はっとり》　真和《まさかず》

発行者　斉藤　和邦

発行所　株式会社　秀和システム

〒135-0016

東京都江東区東陽2-4-2　新宮ビル2F

Tel 03-6264-3105（販売）Fax 03-6264-3094

印刷所　日経印刷株式会社　Printed in Japan

ISBN978-4-7980-7209-8 C0030

定価はカバーに表示してあります。

乱丁本・落丁本はお取りかえいたします。

本書に関するご質問については、ご質問の内容と住所、氏名、電話番号を明記のうえ、当社編集部宛FAXまたは書面にてお送りください。お電話によるご質問は受け付けておりませんのであらかじめご了承ください。